Le Labyrinthe du Like :

Le Pouvoir Caché
de la Création de Contenu

Owen Redford

Le Labyrinthe du Like :
Le Pouvoir Caché
de la Création de Contenu

Polychromatic reflections Publishing

Code ISBN : 9798396260467
Marque éditoriale : Independently published
Couverture : Packer Nemo

Sommaire

Réveil
dans un monde numérique

les médias sociaux
comme un miroir aux alouettes

Au commencement était le mot. Puis est venu le pixel. Et avec lui, une révolution numérique qui a fait vaciller les empires, a érigé des géants technologiques et a transformé la façon dont nous vivons, travaillons et interagissons. Bienvenue dans l'ère des médias sociaux, un labyrinthe complexe d'images, de textes, de vidéos et de sons, où chaque clic, chaque like, chaque partage façonne notre réalité collective.

Chaque jour, nous naviguons dans ce labyrinthe, partageant des moments de notre vie, cherchant des informations, exprimant nos pensées, nos craintes et nos espoirs. Les médias sociaux sont devenus une extension de nous-mêmes, un miroir numérique reflétant notre humanité sous toutes ses formes.

Cependant, comme dans le mythe d'Echo et Narcisse, ce miroir peut aussi nous tromper. Les reflets sont déformés, amplifiés, altérés par des algorithmes invisibles et des dynamiques de groupe complexes. Les idées sont réduites à des soundbites, les nuances perdues dans la cacophonie des voix, les émotions manipulées pour attirer l'attention. Les médias sociaux, tout en nous rapprochant, ont aussi le potentiel de nous éloigner de ce qui est réel, authentique et humain.

"Le Labyrinthe du Like : Le Pouvoir Caché de la Création de Contenu" est une exploration de ce monde numérique, un voyage dans le cœur des médias sociaux. Ce n'est pas un guide pratique sur comment obtenir plus de likes, de followers ou de partages. Ce n'est pas non plus une condamnation sans réserve des dangers des médias sociaux. C'est plutôt une invitation à regarder au-delà du miroir, à comprendre les forces invisibles à l'œuvre, à questionner nos propres comportements et à réfléchir à ce que signifie être un créateur de contenu dans ce nouveau monde.

Au cours de ce voyage, nous porterons de nombreux chapeaux, celui du stratège, du créateur, de l'analyste, du gestionnaire de communauté, de l'expert en droit, de l'influenceur, du psychologue, du spécialiste en SEO et du spécialiste en branding. Chaque chapitre nous plongera plus profondément dans le labyrinthe, révélant une facette différente de la création de contenu pour les médias sociaux.

Tout au long de ce livre, je vous invite à vous poser des questions, à ressentir et à réfléchir. À regarder les médias sociaux non pas comme une simple plateforme pour partager du contenu, mais comme une représentation complexe et fascinante de notre humanité collective. À voir la création de contenu non pas comme une course à l'attention, mais comme une forme d'art, de communication et de connexion.

Le voyage ne sera pas toujours confortable. Nous serons confrontés à des vérités inconfortables, à des paradoxes déroutants, à des réalités contradictoires. Mais c'est en explorant ces zones d'ombre que nous pourrons trouver la lumière, que nous pourrons découvrir le véritable potentiel de la création de contenu pour les médias sociaux.

Au cœur du labyrinthe, il y a une vérité fondamentale : nous ne sommes pas des passagers passifs dans ce voyage numérique. Nous sommes des créateurs, des conteurs, des artistes. Chaque tweet, chaque publication, chaque commentaire est une expression de notre individualité, une contribution à la mosaïque collective des médias sociaux.

Et c'est là que réside le véritable pouvoir de la création de contenu. Ce n'est pas dans le nombre de likes, de partages ou de followers. Ce n'est pas dans la capacité à manipuler les algorithmes ou à jouer le jeu des médias sociaux. C'est dans notre capacité à toucher le cœur et l'esprit des gens, à inspirer, à informer, à éclairer, à divertir, à connecter.

Alors, alors que nous nous préparons à descendre dans le labyrinthe, je vous invite à garder cela à l'esprit. Ce livre n'est pas une carte du labyrinthe des médias sociaux. C'est une boussole, un outil pour vous aider à naviguer, à explorer, à vous perdre et à vous retrouver. À découvrir votre propre voie, à créer votre propre contenu, à raconter votre propre histoire.

Au final, ce n'est pas le labyrinthe qui compte. C'est le voyage. Et ce voyage commence maintenant. Bienvenue dans 'Le Labyrinthe du Like : Le Pouvoir Caché de la Création de Contenu'.

Le stratège des médias sociaux

Dans la peau d'un général digital

Imaginez-vous sur un champ de bataille. L'air est électrique avec l'anticipation, les sons de la guerre se font entendre à distance. C'est le théâtre de la bataille la plus moderne, le monde digital. En tant que stratège des médias sociaux, vous n'êtes pas simplement un général de cette guerre numérique, vous êtes un chef d'orchestre, dirigeant une symphonie complexe de messages, d'images et de interactions.

En apparence, les médias sociaux semblent simples. Un tweet ici, une photo là, un commentaire quelque part. Mais chaque action est un mouvement sur l'échiquier numérique, chaque décision a des répercussions qui vont bien au-delà de l'instant présent. Comprendre cela est la première étape pour devenir un stratège efficace des médias sociaux.

Votre rôle en tant que stratège ne consiste pas seulement à définir ce que vous voulez partager, mais également à comprendre pourquoi vous partagez ce contenu, comment il sera reçu et quelle valeur il apportera à votre audience. C'est une danse délicate entre la réflexion stratégique, la compréhension du comportement humain et la créativité.

Mais avant de plonger dans cette danse, il est essentiel de comprendre votre environnement, le paysage des médias sociaux. Chaque plateforme a ses propres règles, ses propres dynamiques, ses propres utilisateurs. Comprendre ces nuances est comme comprendre le terrain sur lequel vous vous battez. Une colline peut être une défense, un ravin peut être une embuscade, une plaine peut être un terrain pour une avancée rapide.

De même, chaque plateforme de médias sociaux a ses propres avantages et défis. Instagram, par exemple, est visuellement orienté, idéal pour partager des images et des histoires visuelles. Twitter, en revanche, est un lieu de conversation rapide, d'échanges d'idées, de débats. LinkedIn est un environnement professionnel, où les discussions se concentrent souvent sur l'industrie, la carrière et les opportunités d'affaires. Comprendre ces dynamiques est crucial pour développer une stratégie de médias sociaux efficace.

Mais comprendre l'environnement ne suffit pas. Vous devez également comprendre votre armée, votre audience. Qui sont-ils ? Qu'est-ce qui les intéresse ? Qu'est-ce qui les inspire, qu'est-ce qui les dérange ? Dans quelle mesure sont-ils prêts à vous suivre ? Comprendre votre audience est comme comprendre vos troupes. Cela vous permet de développer une stratégie qui joue sur leurs forces, qui répond à leurs besoins, qui les inspire à agir.

Une fois que vous avez une compréhension solide de votre environnement et de votre audience, le véritable travail de stratégie commence. Quel est votre objectif ? Quelle est votre vision ? Comment pouvez-vous utiliser les médias sociaux pour atteindre cet objectif ? Ces questions sont le cœur de votre stratégie de médias sociaux, le plan de bataille que vous suivrez alors que vous naviguez dans le paysage numérique.

En tant que stratège des médias sociaux, vous n'êtes pas seulement un général, mais aussi un visionnaire. Vous n'avez pas seulement pour mission de gagner des batailles, mais de changer le monde, une publication à la fois. Vous créez des liens, vous partagez des idées, vous inspirez l'action, et vous avez le potentiel d'atteindre des milliers, voire des millions de personnes.

En tant que stratège des médias sociaux, vous êtes également un conteur. Vous racontez l'histoire de votre marque, de votre cause, de votre vision. Chaque tweet, chaque post, chaque commentaire est un chapitre de cette histoire. Et votre rôle est de vous assurer que cette histoire est cohérente, captivante et significative.

C'est ici que le pouvoir de la stratégie des médias sociaux réside réellement. Pas dans le nombre de likes, de partages ou de followers. Pas dans la capacité de manipuler les algorithmes ou de dominer les tendances. Mais dans la capacité de raconer une histoire, de connecter les gens, de créer un impact.

Cependant, la stratégie des médias sociaux n'est pas une science exacte. C'est un art. C'est une exploration, une aventure, une expérience. Il n'y a pas de formule magique, pas de solution unique. Chaque stratège, chaque marque, chaque audience est unique. Et cela signifie que chaque stratégie des médias sociaux sera également unique.

Alors, alors que nous entrons dans ce voyage de compréhension et de découverte de la stratégie des médias sociaux, je vous invite à garder l'esprit ouvert, à être curieux, à expérimenter, à apprendre. Dans la peau d'un général digital, vous avez le pouvoir de changer le monde. Comment utiliserez-vous ce pouvoir ? C'est à vous de le découvrir."

En gardant cela à l'esprit, nous allons progresser dans ce voyage de compréhension et d'application de la stratégie des médias sociaux. Dans les sections suivantes de ce chapitre, nous aborderons des aspects plus détaillés et approfondirons les différentes compétences et connaissances nécessaires pour être un stratège efficace des médias sociaux. Restez à l'écoute !

L'art de la guerre des médias sociaux

L'art de la guerre est une notion bien connue, un traité antique qui a guidé les généraux et les dirigeants à travers les siècles. Mais que se passe-t-il lorsque ce concept est appliqué à la bataille moderne pour l'attention, l'engagement et l'influence dans l'arène des médias sociaux ? Nous pénétrons alors dans le domaine de "L'art de la guerre des médias sociaux".

Cela peut sembler dramatique, mais la réalité est que la gestion des médias sociaux est un domaine compétitif, plein de défis, de tactiques changeantes et de stratégies en constante évolution. Et comme tout général de la guerre classique, un stratège des médias sociaux doit être prêt à s'adapter, à innover et à repousser les frontières de ce qui est possible.

La première règle de "L'art de la guerre des médias sociaux" est simple mais puissante : connaissez votre ennemi.

Dans ce cas, l'ennemi est l'indifférence, l'apathie, la surcharge d'information. Votre objectif est de capter l'attention de votre audience, de l'engager et de la retenir. Pour ce faire, vous devez comprendre ce qui les motive, ce qui les distrait, ce qui les inspire.

C'est là que les données entrent en jeu. En tant que stratège des médias sociaux, vous avez accès à une quantité phénoménale d'informations sur votre audience. Quels types de contenu engagent-ils le plus ? A quel moment sont-ils le plus actifs ? Quels sont les sujets qui les passionnent ? Toutes ces informations peuvent vous aider à affiner votre stratégie et à créer du contenu qui résonne vraiment avec votre audience.

La deuxième règle est d'adapter votre stratégie au paysage changeant des médias sociaux. Les algorithmes changent, les tendances émergent et disparaissent, de nouvelles plateformes voient le jour. Vous devez être prêt à vous adapter, à essayer de nouvelles choses, à risquer l'échec. L'innovation est la clé de la réussite dans la guerre des médias sociaux.

Cependant, il ne suffit pas de suivre les dernières tendances ou de changer de stratégie à chaque nouveau changement d'algorithme. Vous devez également rester fidèle à votre marque, à votre histoire, à votre vision. C'est ce qui donne à votre stratégie de médias sociaux sa cohérence, son intégrité et son authenticité.

La troisième règle est de ne jamais sous-estimer le pouvoir de l'interaction. Les médias sociaux ne sont pas une voie à sens unique. C'est un espace de dialogue, d'échange, de conversation. Répondre aux commentaires, engager le dialogue avec votre audience, participer à la conversation, ce sont des éléments cruciaux de la réussite de la stratégie des médias sociaux.

Enfin, rappelez-vous que "L'art de la guerre des médias sociaux" n'est pas vraiment une guerre. C'est un défi, une aventure, une opportunité. C'est une chance de se connecter, d'engager, d'inspirer. Et comme tout art, il est constamment en évolution, en croissance, en transformation. En tant que stratège des médias sociaux, votre tâche n'est pas seulement de suivre le rythme de cette transformation, mais de la diriger.

L'art de la guerre des médias sociaux est un voyage, et chaque voyage est unique. Votre stratégie sera différente de celle de tout autre stratège, tout comme votre marque est unique, votre histoire est unique, votre audience est unique. Mais quel que soit le chemin que vous choisissez de suivre, souvenez-vous toujours de ceci : la stratégie des médias sociaux n'est pas une fin en soi. C'est un moyen d'atteindre un but plus grand, de créer des connexions, de raconter des histoires, de faire une différence.

Et peut-être, en fin de compte, c'est cela le véritable "art de la guerre des médias sociaux", non pas la bataille pour l'attention ou l'engagement, mais la quête pour créer un impact réel, pour toucher les gens de manière significative, pour changer le monde, une publication à la fois.

Au cours des prochaines sections de ce chapitre, nous approfondirons encore davantage ces idées et ces concepts, explorant les nuances et les complexités de la stratégie des médias sociaux. Je vous invite à continuer ce voyage avec moi, à poser des questions, à être curieux, à apprendre. Parce que, dans l'art de la guerre des médias sociaux, il n'y a pas de fin à ce que nous pouvons découvrir ensemble."

Échecs ou poker ?
Les jeux de la stratégie des médias sociaux

Lorsqu'on pense à la stratégie, certains jeux viennent à l'esprit, comme les échecs et le poker. Ces jeux, bien que très différents dans leur mécanique, partagent une chose commune, l'exigence de la pensée stratégique. Pourtant, quelle est l'analogie la plus appropriée pour la stratégie des médias sociaux ? Est-ce un jeu d'échecs, où chaque mouvement est calculé avec une précision méticuleuse ? Ou est-ce plus comme le poker, où le bluff et la lecture de l'adversaire sont aussi importants que les cartes en main ?

La réponse est qu'elle contient des éléments des deux. Comme aux échecs, une bonne stratégie de médias sociaux exige une planification minutieuse. Chaque poste, chaque tweet, chaque interaction est un mouvement sur l'échiquier. Vous devez penser à l'avance, planifier vos prochains mouvements, anticiper les réactions de votre audience. Vous devez avoir une vision d'ensemble, une compréhension claire de l'objectif final de votre stratégie.

Cependant, une stratégie de médias sociaux n'est pas seulement un jeu d'échecs. Ce n'est pas un exercice purement intellectuel, dépourvu d'émotion ou d'imprévu. C'est là que l'analogie avec le poker entre en jeu. Comme au poker, la stratégie des médias sociaux implique une certaine part de bluff, de lecture de l'adversaire, d'adaptation à l'inattendu. Vous devez être prêt à prendre des risques, à jouer des cartes inattendues, à vous adapter aux retours et aux réactions de votre audience.

C'est un aspect essentiel de la stratégie des médias sociaux que beaucoup négligent : l'importance de l'adaptabilité. Dans un domaine aussi dynamique et en constante évolution que les médias sociaux, la capacité à s'adapter, à innover, à changer de direction lorsque c'est nécessaire, est essentielle. Vous ne pouvez pas simplement établir une stratégie et vous y tenir rigoureusement, en ignorant les retours de votre audience, les tendances émergentes, les changements dans l'algorithme. Vous devez être prêt à changer de cap, à ajuster votre stratégie, à prendre des risques.

Cela peut sembler intimidant, mais c'est aussi ce qui rend la stratégie des médias sociaux si passionnante et si gratifiante. C'est un défi, une aventure, un puzzle à résoudre. Et chaque puzzle est différent, car chaque marque est différente, chaque audience est différente, chaque plateforme de médias sociaux est différente.

Alors, alors que nous plongeons plus profondément dans l'art et la science de la stratégie des médias sociaux, je vous invite à garder ces analogies à l'esprit. Réfléchissez à votre stratégie comme à un jeu d'échecs, où chaque mouvement compte. Mais n'oubliez pas non plus l'élément de poker, l'importance de l'adaptabilité, du risque, de l'audace. Car pour vraiment exceller en tant que stratège des médias sociaux, vous devez être à la fois un grand maître des échecs et un as du poker.

Vous devez savoir quand il est temps de suivre un plan soigneusement élaboré, et quand il est temps de jeter les dés et de prendre une chance.

Et surtout, vous devez vous rappeler que la stratégie des médias sociaux n'est pas qu'un jeu. C'est une chance d'engager, d'inspirer, de faire une différence. Chaque poste que vous publiez, chaque interaction que vous avez, est une opportunité de toucher la vie de quelqu'un. C'est là que réside le véritable pouvoir de la stratégie des médias sociaux.

La stratégie qui n'en est pas une

Il y a une ironie délicieuse à concevoir une stratégie de médias sociaux. Vous voyez, dans l'agitation incessante pour gagner l'attention du public, nous élaborons des plans, des cartes, des trajectoires, tout comme des généraux sur le champ de bataille. Et pourtant, parfois, la meilleure stratégie est celle qui ne semble pas en être une du tout.

Permettez-moi d'expliquer.

Dans le tumulte des médias sociaux, l'authenticité est roi. Les utilisateurs sont de plus en plus habiles à déceler les marques et les influenceurs qui ne sont pas authentiques dans leurs communications. Ils peuvent sentir quand une publication a été soigneusement calculée pour maximiser les likes, les partages, les commentaires. Ils peuvent voir à travers les tactiques de marketing astucieuses et les astuces de manipulation psychologique. Et ils n'apprécient pas d'être pris pour des cibles à manipuler.

C'est là qu'intervient l'idée de la stratégie qui n'en est pas une. Parfois, la meilleure façon d'engager votre audience n'est pas de planifier chaque détail, de calculer chaque mouvement, mais plutôt de laisser place à l'authenticité, à la spontanéité, à l'humanité. Parfois, la meilleure stratégie est de ne pas essayer trop fort.

Mais ne vous y trompez pas, cela ne signifie pas que vous devriez jeter toutes vos plans par la fenêtre et publier ce qui vous passe par la tête. Il s'agit plutôt de trouver un équilibre, de combiner une planification stratégique solide avec une capacité à être authentique, humain et réactif.

Il s'agit de comprendre que la stratégie des médias sociaux n'est pas une science exacte, mais un art. C'est un acte d'équilibre, un jeu de jonglerie. Il s'agit de savoir quand il est temps de suivre le plan, et quand il est temps de se laisser guider par l'instant, par les sentiments, par l'instinct.

Il s'agit de reconnaître que votre audience n'est pas un simple ensemble de chiffres à maximiser, mais un groupe d'individus uniques, avec leurs propres pensées, sentiments, désirs. Il s'agit de voir au-delà des statistiques, des taux d'engagement, des likes et des partages, et de se souvenir que derrière chaque clic, il y a une personne.

Alors, oui, en tant que stratège des médias sociaux, vous devez être un planificateur, un analyste, un général sur le champ de bataille. Mais vous devez aussi être un conteur, un artiste, un être humain. Car c'est en embrassant cette dualité, en équilibrant l'art et la science de la stratégie des médias sociaux, que vous pouvez vraiment captiver, engager et toucher votre audience.

Et peut-être qu'en fin de compte, c'est ça la véritable stratégie qui n'en est pas une.

Le créateur
de contenu numérique

L'artiste dans la machine :
le côté humain du numérique

Nous vivons à l'ère du numérique, une époque où nos interactions sont de plus en plus médiatisées par des écrans et des machines. Nos émotions, nos pensées, nos idées sont transmises à travers des pixels et des codes binaires. Mais au cœur de cette technologie avancée, il y a un élément fondamentalement humain : le créateur de contenu.

Dans ce paysage numérique complexe et en constante évolution, le créateur de contenu se dresse comme une figure essentielle. Il est l'artiste dans la machine, la voix humaine au milieu du brouhaha numérique. Et son rôle n'a jamais été aussi important.

Vous voyez, au-delà de toutes les stratégies, tactiques et techniques, au cœur de chaque réussite sur les médias sociaux, il y a une chose simple : le contenu. Le contenu qui attire, qui engage, qui inspire. Le contenu qui raconte une histoire, qui touche les gens, qui les fait rire, pleurer, penser. Le contenu qui, au milieu de l'océan numérique, donne aux gens une raison de s'arrêter, de regarder, d'écouter.

Et ce contenu ne vient pas de nulle part. Il est le fruit de la créativité, de l'effort et de la passion des créateurs de contenu.

Mais qu'est-ce que cela signifie vraiment d'être un créateur de contenu numérique ? Comment réussit-on à être à la fois artiste et technicien, conteur et analyste, humain et machine ?

Tout d'abord, le créateur de contenu doit maîtriser l'art de la narration. Il doit savoir comment construire une histoire, comment donner vie à un message, comment captiver une audience. Il doit comprendre l'art de la persuasion, de l'émotion, de la surprise.

Mais cela ne suffit pas. Dans le monde numérique, le créateur de contenu doit aussi être un technicien. Il doit comprendre les outils et les plateformes qu'il utilise, savoir comment optimiser son contenu pour les moteurs de recherche, comment utiliser les données pour améliorer ses créations. Il doit être capable de naviguer dans le labyrinthe des algorithmes et des formats numériques.

Enfin, le créateur de contenu doit rester profondément humain. Il doit se rappeler que, derrière chaque écran, il y a une personne. Il doit se connecter à ses auditeurs, comprendre leurs désirs, leurs peurs, leurs rêves. Il doit créer du contenu qui touche les gens, qui les fait se sentir vus, entendus, compris.

Être un créateur de contenu numérique, c'est donc être à la fois artiste, technicien et humaniste. C'est un défi complexe, mais c'est aussi une chance incroyable. Car c'est en créant du contenu qui résonne vraiment avec les gens que vous pouvez faire une différence, que vous pouvez toucher des vies, que vous pouvez changer le monde.

Alors, comment relever ce défi ? Comment devenir un créateur de contenu numérique efficace ? Dans les sections suivantes, nous explorerons ces questions plus en détail. ... Alors, préparez-vous à plonger dans le monde fascinant de la création de contenu numérique.

De la conception de concepts uniques à l'utilisation astucieuse de la technologie pour captiver votre public, vous découvrirez comment marier l'art et la science pour créer du contenu qui touche les gens au plus profond d'eux-mêmes.

Vous apprendrez comment naviguer dans le paysage changeant des médias sociaux, comment utiliser les données pour informer votre processus créatif, et comment rester authentique et fidèle à vous-même tout en répondant aux attentes de votre public.

Au bout du compte, vous découvrirez qu'être un créateur de contenu numérique n'est pas seulement une question de compétences techniques ou de talents artistiques. C'est aussi une question de cœur. Car ce qui fait vraiment la différence, ce n'est pas simplement ce que vous créez, mais pourquoi et comment vous le créez.

Alors, êtes-vous prêt à explorer votre potentiel en tant que créateur de contenu numérique ? Êtes-vous prêt à devenir l'artiste dans la machine, à utiliser la puissance de la technologie pour raconter des histoires qui comptent, pour toucher des vies, pour faire une différence ? Si oui, alors laissez-nous commencer ce voyage ensemble.

Peindre avec les mots et les images : l'art de la création de contenu

Peindre avec des mots et des images, voilà l'essence de la création de contenu. Le pinceau devient le clavier, la toile devient l'écran, et le créateur de contenu numérique se transforme en un artiste des temps modernes. Ce métier requiert plus qu'une simple connaissance des tendances actuelles et des algorithmiques qui dirigent nos écrans. C'est une danse délicate entre l'art et la science, une symbiose de créativité et de technologie.

Il ne s'agit pas simplement de remplir une page avec des mots ou de poster une photo avec un filtre attrayant. Chaque mot, chaque image doit être choisi avec soin, sculpté avec précision, et arrangé avec une intention délibérée. La création de contenu numérique est un acte de traduction, un processus par lequel les idées et les sentiments sont convertis en un format qui peut être compris, partagé et apprécié par d'autres.

Pensez aux chefs-d'œuvre de l'art classique. Chaque coup de pinceau, chaque ombre et chaque ligne ont été placés avec intention. La même approche s'applique à la création de contenu numérique. Chaque mot, chaque image, chaque émoji, chaque hashtag est une pièce de votre tableau, un coup de pinceau dans votre chef-d'œuvre numérique.

Pourquoi certaines œuvres d'art nous touchent-elles plus que d'autres ? Pourquoi certaines images, certaines histoires nous hantent, nous restent en tête, nous émeuvent ? C'est parce qu'elles sont plus que la somme de leurs parties. Elles contiennent quelque chose de plus profond, quelque chose qui parle directement à notre cœur, à notre âme.

Pour peindre avec des mots et des images, pour créer un contenu qui résonne vraiment avec les gens, vous devez aller au-delà de la surface. Vous devez creuser plus profondément, chercher plus loin. Vous devez trouver la vérité, l'émotion, la signification qui se cache derrière les mots, derrière les images.

Cela signifie que vous devez vous connaître vous-même. Vous devez connaître votre message, votre but, votre vision. Vous devez comprendre ce que vous voulez dire, ce que vous voulez montrer, ce que vous voulez faire ressentir aux gens. Vous devez être connecté à votre source de créativité, à votre passion, à votre authenticité.

En même temps, vous devez connaître votre public. Vous devez comprendre ce qu'ils veulent, ce qu'ils ressentent, ce dont ils ont besoin. Vous devez être à l'écoute de leurs rêves, de leurs peurs, de leurs désirs. Vous devez être capable de parler leur langue, de toucher leur cœur, de captiver leur imagination.

La création de contenu numérique, c'est donc une danse entre vous et votre public, une conversation, un échange. C'est un processus de découverte, d'exploration, de création. C'est une aventure, une quête, un voyage.

Le monde est votre toile. Vos mots et vos images sont vos pinceaux. Et vous, vous êtes l'artiste. Alors, prenez une profonde inspiration, laissez libre cours à votre imagination, et commencez à peindre.

Quand le silence vaut mille mots : l'art de ne pas créer de contenu

D ans l'ère du numérique, nous sommes constamment submergés d'informations. Les flux de médias sociaux débordent de contenu, chaque créateur cherchant à attirer notre attention, à gagner notre engagement. Face à cette surcharge d'informations, une approche contre-intuitive se dessine : l'art de ne pas créer de contenu, l'art du silence.

Tout comme dans une symphonie, où les silences jouent un rôle aussi crucial que les notes, dans la création de contenu numérique, il est tout aussi important de savoir quand ne pas créer que de savoir quoi et comment créer. Le silence, dans ce contexte, ne signifie pas l'absence de communication, mais plutôt une communication plus intentionnelle, plus significative.

L'art du silence dans la création de contenu numérique repose sur trois principes clés : le respect, la réflexion et la reconnexion.

Respect

Dans un monde où tout le monde crie pour être entendu, le silence est un signe de respect. C'est reconnaître que l'espace numérique est un espace partagé, et que nous devons tous faire preuve de respect envers les autres utilisateurs de cet espace. Le respect signifie aussi reconnaître que votre public mérite du contenu de qualité, et non une simple surabondance d'informations. En choisissant délibérément de ne pas créer de contenu, vous montrez à votre public que vous respectez leur temps, leur attention et leur intelligence.

Réflexion

Le silence crée de l'espace pour la réflexion. Dans le bruit constant des médias sociaux, il est facile de se perdre, de perdre de vue ce qui compte vraiment. En choisissant de faire une pause dans la création de contenu, vous vous donnez l'espace nécessaire pour réfléchir à votre message, à votre vision, à votre impact. Vous vous donnez l'opportunité de revoir votre stratégie, de réévaluer vos objectifs, de réaligner vos actions avec vos valeurs.

Reconnexion

Enfin, le silence permet de se reconnecter. Se reconnecter à soi-même, à sa créativité, à sa passion. Se reconnecter à son public, à ses besoins, à ses désirs. Se reconnecter au monde, à ses changements, à ses défis. En prenant du recul, en se déconnectant de la machine constante de création de contenu, vous pouvez vous reconnecter à ce qui compte vraiment pour vous, pour votre public, pour le monde.

Maintenant, cela ne signifie pas que vous devez arrêter complètement de créer du contenu. Loin de là. L'art du silence dans la création de contenu numérique est une question d'équilibre. C'est savoir quand parler et quand écouter, quand créer et quand refléter, quand partager et quand se retirer.

C'est une danse délicate, une symphonie de sons et de silences, une toile tissée de mots et d'espaces vides. C'est la beauté de la création de contenu numérique : un art qui ne se limite pas à ce que vous créez, mais aussi à ce que vous choisissez de ne pas créer.

Dans la section suivante, nous plongerons plus profondément dans cette idée et explorerons les tactiques et stratégies spécifiques que vous pouvez utiliser pour intégrer l'art du silence dans votre création de contenu numérique. Nous verrons comment, paradoxalement, ne pas créer peut parfois être la stratégie la plus puissante et la plus percutante que vous pouvez adopter.

Imaginez une toile blanche. Elle semble vide, silencieuse, sans vie. Pourtant, c'est dans cette apparence de vide que réside tout le potentiel. C'est l'espace qui invite à la création, qui stimule l'imagination, qui évoque le possible. C'est le silence qui précède le premier mot, la première note, le premier trait. C'est le silence qui donne naissance à la création.

Dans le monde numérique, cet espace, ce silence, est tout aussi important. C'est l'espace qui permet à votre public de respirer, de digérer votre contenu, de réfléchir à votre message. C'est le silence qui leur donne l'opportunité de s'engager, de participer, de devenir partie intégrante de votre histoire. C'est le silence qui rend votre contenu non seulement plus attrayant, mais aussi plus significatif, plus impactant.

Alors, je vous invite à explorer avec moi l'art du silence dans la création de contenu numérique. Je vous invite à découvrir comment, dans le monde bruyant et chaotique des médias sociaux, le silence peut devenir votre allié le plus puissant, votre outil le plus précieux, votre stratégie la plus efficace.

Bienvenue dans l'art de ne pas créer.

Le génie du bric-à-brac : création à partir du chaos

L'internet est un tourbillon de chaos créatif, une cacophonie d'idées, d'opinions, de connaissances, de bruits. Pour beaucoup, c'est un défi de naviguer dans ce labyrinthe numérique, encore plus de créer du contenu qui se distingue dans cet océan d'informations. Pourtant, c'est précisément dans ce chaos que réside une source de créativité unique, un potentiel inexploré pour la création de contenu numérique. Je l'appelle le "génie du bric-à-brac", la capacité de tirer des idées originales et significatives à partir du chaos apparent du monde numérique.

Pensez au bric-à-brac comme à une boîte de LEGO. Chaque morceau, pris individuellement, peut sembler banal, voire inutile. Pourtant, lorsque ces pièces sont rassemblées avec créativité et intention, elles peuvent prendre forme et devenir quelque chose de plus grand, de plus significatif. C'est la magie du bric-à-brac : la transformation du banal en extraordinaire, du chaos en ordre, de l'insignifiant en significatif.

Dans le monde numérique, le bric-à-brac prend la forme d'informations, articles, tweets, vidéos, podcasts, images, mèmes, GIFs, et plus encore. Chaque pièce d'information, prise isolément, peut sembler insignifiante. Pourtant, lorsque ces pièces d'information sont rassemblées avec créativité et intention, elles peuvent former des histoires, des idées, des concepts qui captivent l'attention, engagent l'esprit et touchent le cœur.

Comment puis-je, vous demandez-vous peut-être, faire preuve de ce "génie du bric-à-brac" dans ma création de contenu numérique ?

Voici trois principes pour vous guider dans ce voyage :

Curiosité :

Le génie du bric-à-brac commence par la curiosité. C'est l'envie de fouiller dans le chaos, de creuser plus profondément, de chercher des perles cachées. C'est la volonté de poser des questions, d'explorer des idées, de défier les suppositions. En tant que créateur de contenu numérique, nourrissez votre curiosité. Soyez ouvert à de nouvelles idées, à de nouvelles perspectives, à de nouvelles sources d'information. Laissez votre curiosité vous guider à travers le chaos, et vous serez étonné de ce que vous pouvez trouver.

Connexion :

Le génie du bric-à-brac repose sur la connexion. C'est l'habileté à voir les liens, à relier les points, à tisser des fils entre des idées apparemment disparates. En tant que créateur de contenu numérique, cultivez votre capacité à faire des connexions. Cherchez des thèmes communs, des motifs récurrents, des idées complémentaires. Voyez comment les différentes pièces d'information peuvent s'articuler pour créer une histoire plus grande, un concept plus profond, une idée plus puissante.

Créativité :

Le génie du bric-à-brac est alimenté par la créativité. C'est la capacité de voir au-delà de l'évident, d'imaginer le potentiel, de rêver de ce qui pourrait être. En tant que créateur de contenu numérique, stimulez votre créativité. Jouez avec les idées, expérimentez avec les formats, défiez les conventions. Laissez votre créativité transformer le bric-à-brac en quelque chose de beau, de surprenant, d'inspirant.

La prochaine fois que vous vous retrouverez face au chaos du monde numérique, n'ayez pas peur. Voyez-le comme un défi, une opportunité, une aventure. Plongez-vous dans le bric-à-brac, armé de votre curiosité, de votre capacité à faire des connexions et de votre créativité. Et regardez avec émerveillement comment vous pouvez transformer le chaos en création.

Le génie du bric-à-brac n'est pas un don rare, réservé à une élite créative. C'est une compétence que chacun de nous peut développer, un muscle que nous pouvons tous renforcer. C'est une manière de voir le monde, une façon d'aborder la création de contenu, une philosophie de vie. Et qui sait ? Peut-être découvrirez-vous que le génie du bric-à-brac était en vous tout le temps.

Bienvenue dans l'art de créer à partir du chaos.

Le spécialiste en publicité sur les médias sociaux

Le vendeur invisible : la magie des publicités

La publicité, dans sa forme la plus brute, est souvent perçue comme une intrusion, une atteinte à notre tranquillité. Pourtant, quand elle est bien faite, elle peut être un véritable enchantement. Il y a une certaine magie dans l'art de la publicité, un subtil charme dans l'habilité d'un publicitaire à séduire, à persuader, à provoquer l'action. Je l'appelle "Le vendeur invisible", cette capacité d'influencer sans être explicitement vu, de vendre sans paraître vendre.

En tant que spécialiste en publicité sur les médias sociaux, vous êtes ce vendeur invisible. Votre mission n'est pas simplement de vendre un produit ou un service, mais de créer une expérience, de raconter une histoire, de susciter une émotion. Vous ne vendez pas seulement à l'esprit, mais aussi au cœur.

Le vendeur invisible n'est pas un manipulateur, mais un conteur. Vous ne forcez pas les gens à acheter, vous les inspirez à agir. Vous ne leur imposez pas une décision, vous leur donnez une raison de la prendre. Vous ne leur vendez pas un produit, vous leur offrez une solution à un problème, une réponse à un besoin, une réalisation d'un désir.

Mais comment faites-vous cela, vous demandez-vous peut-être ? Comment devenir ce vendeur invisible dans le monde saturé des médias sociaux ?

Voici trois principes qui peuvent vous guider :

Empathie :

La clé d'une publicité efficace sur les médias sociaux, c'est l'empathie. C'est la capacité à comprendre et à partager les sentiments de votre public. En tant que spécialiste en publicité, vous devez vous mettre à la place de votre public. Vous devez comprendre leurs besoins, leurs désirs, leurs peurs, leurs aspirations. Vous devez parler leur langue, répondre à leurs questions, partager leurs valeurs. Plus vous faites preuve d'empathie, plus votre publicité sera authentique et touchante.

Créativité :

La publicité sur les médias sociaux nécessite une grande créativité. C'est la capacité à voir les choses sous un angle différent, à penser en dehors des sentiers battus, à innover. En tant que spécialiste en publicité, vous devez être constamment à la recherche de nouvelles idées, de nouvelles approches, de nouvelles façons de raconter votre histoire. Vous devez être prêt à prendre des risques, à essayer de nouvelles choses, à apprendre de vos erreurs. Plus vous êtes créatif, plus votre publicité sera unique et mémorable.

Stratégie :

L'art de la publicité sur les médias sociaux ne se limite pas à l'empathie et à la créativité. Il nécessite également une stratégie solide. C'est la capacité à planifier, à fixer des objectifs, à mesurer les résultats. En tant que spécialiste en publicité, vous devez comprendre le marché, connaître votre public, analyser les données. Vous devez établir des objectifs clairs, définir des KPIs, suivre vos performances. Plus vous êtes stratégique, plus votre publicité sera efficace et rentable.

Et finalement, n'oubliez pas que le but ultime du vendeur invisible n'est pas simplement de vendre, mais de servir. Votre travail consiste à aider votre public, à enrichir leur vie, à rendre leur monde meilleur. Lorsque vous mettez votre public au centre de votre travail, lorsque vous vous efforcez d'apporter de la valeur, lorsque vous travaillez avec intégrité et respect, alors vous devenez non seulement un vendeur invisible, mais aussi un ami digne de confiance.

Bienvenue dans le monde magique de la publicité sur les médias sociaux. Que la magie du vendeur invisible vous guide et vous inspire.

Un pas en avant, deux pas en arrière : l'art de la régression dans la publicité

La régression. C'est un mot qui a généralement une connotation négative. On l'associe à une régression sociale, économique ou intellectuelle, à une perte de progrès, à un recul. Mais dans le domaine de la publicité sur les médias sociaux, la régression peut être une force puissante, une stratégie subtile et contre-intuitive qui peut donner des résultats étonnants. Comment cela est-il possible, vous demandez-vous peut-être ? Laissez-moi vous expliquer.

L'art de la régression dans la publicité ne consiste pas à revenir en arrière, mais à regarder en arrière. Il s'agit d'utiliser le passé comme source d'inspiration, comme tremplin pour l'innovation, comme miroir pour l'avenir. Il s'agit de revisiter les anciennes idées, de retrouver les anciennes valeurs, de revivre les anciennes expériences, non pas pour y rester, mais pour aller de l'avant avec une nouvelle perspective, une nouvelle énergie, une nouvelle vision.

Imaginez un archéologue qui fouille un site ancien. Il ne cherche pas à retourner à l'âge de pierre, mais à comprendre comment les anciens vivaient, pensaient, travaillaient. Il utilise les artefacts du passé pour comprendre le présent, pour prédire l'avenir. De la même manière, un spécialiste en publicité sur les médias sociaux utilise le passé non pas comme une destination, mais comme une carte, comme un guide, comme une boussole.

Cependant, l'art de la régression dans la publicité ne consiste pas seulement à regarder en arrière, mais aussi à prendre du recul. Il s'agit de prendre de la distance par rapport au bruit et à la frénésie des médias sociaux, de regarder la situation dans son ensemble, de voir la forêt plutôt que les arbres. Il s'agit de prendre le temps de réfléchir, de rêver, de planifier, au lieu de simplement réagir, de suivre, de se précipiter.

Prendre du recul, c'est comme grimper au sommet d'une montagne. Vous quittez la vallée animée, vous éloignez du tumulte et du chaos, vous respirez l'air frais et pur, vous regardez le paysage majestueux. Et là, du haut de votre montagne, vous pouvez voir les choses clairement, vous pouvez voir où vous êtes, où vous voulez aller, quel chemin vous devez prendre. Vous pouvez voir les opportunités et les défis, les tendances et les changements, les forces et les faiblesses. Vous pouvez voir votre public, comprendre leurs besoins, leurs désirs, leurs peurs, leurs aspirations.

Enfin, l'art de la régression dans la publicité consiste à revenir à l'essentiel, à se concentrer sur ce qui compte vraiment, à éliminer le superflu. Il s'agit de simplifier votre message, de clarifier votre offre, de personnaliser votre approche. Il s'agit de parler au cœur de votre public, …de toucher leurs émotions, de résonner avec leurs valeurs. Il s'agit de créer une connexion authentique, une relation de confiance, un dialogue sincère. Il s'agit de donner à votre public ce qu'ils veulent vraiment, ce dont ils ont vraiment besoin, ce qui leur apporte vraiment de la valeur.

Pensez à l'iPhone d'Apple. C'est un produit extrêmement complexe et technologique, mais son design est simple, épuré, intuitif. Il ne vous submerge pas avec des fonctionnalités inutiles, mais vous donne exactement ce dont vous avez besoin, quand vous en avez besoin, de la manière la plus agréable et la plus efficace possible. C'est un exemple parfait de l'art de la régression dans la publicité.

Mais souvenez-vous que l'art de la régression dans la publicité n'est pas une formule magique, un raccourci, un remède miracle. C'est une philosophie, une attitude, une approche. C'est une invitation à penser différemment, à voir différemment, à agir différemment. C'est un défi à la conformité, à la complaisance, à la commodité. C'est une quête de l'authenticité, de la signification, de la valeur.

Alors, êtes-vous prêt à faire un pas en avant, deux pas en arrière ? Êtes-vous prêt à regarder en arrière pour aller de l'avant ? Êtes-vous prêt à prendre du recul pour avoir une vue d'ensemble ? Êtes-vous prêt à revenir à l'essentiel pour toucher le cœur de votre public ? Si votre réponse est oui, alors vous êtes prêt pour l'art de la régression dans la publicité. Bonne chance et bon voyage dans cette aventure passionnante et enrichissante.

La publicité qui n'en vend pas : le paradoxe de l'anti-publicité

Entrez dans l'ère de l'anti-publicité, une époque où les tactiques de vente agressives, les messages à haute voix et les promesses excessives sont en déclin. Les consommateurs ont développé une sensibilité accrue et une résistance à la publicité traditionnelle. La surcharge d'informations et les tactiques de vente évidentes ont provoqué une lassitude, une méfiance, voire un rejet ouvert de la publicité.

Dans ce contexte, l'anti-publicité apparaît comme un paradoxe fascinant et contre-intuitif. C'est une approche qui s'éloigne des messages de vente directs, évite les clichés de la publicité, et paradoxalement, réussit à attirer l'attention, à susciter l'intérêt, à générer le désir et à inciter à l'action. Mais comment est-ce possible, vous demandez-vous peut-être ? Comment quelque chose qui n'est pas censé être une publicité peut-il être efficace en tant que telle ?

L'anti-publicité n'est pas seulement une technique de marketing ; c'est une philosophie. C'est l'idée que vous pouvez attirer plus d'abeilles avec du miel que avec du vinaigre. Au lieu de forcer un message sur le consommateur, l'anti-publicité invite le consommateur à découvrir et à explorer. Elle ne dicte pas ; elle suggère. Elle ne vend pas ; elle raconte une histoire. Elle ne vise pas à manipuler, mais à engager. Elle valorise l'authenticité sur l'exagération, la substance sur le style, la qualité sur la quantité.

Prenez l'exemple de la marque de vêtements de plein air Patagonia. Au lieu d'utiliser ses espaces publicitaires pour promouvoir ses produits, la société a lancé une campagne intitulée "Ne l'achetez pas", encourageant les consommateurs à réparer leurs vieux vêtements plutôt que d'en acheter de nouveaux. C'était un acte audacieux et risqué qui semblait aller à l'encontre de tout ce que nous savons sur la publicité. Et pourtant, il a fonctionné. Non seulement la campagne a attiré l'attention des médias et a reçu des éloges pour son engagement en faveur de la durabilité, mais elle a également renforcé l'image de marque de Patagonia en tant qu'entreprise socialement responsable et a même entraîné une augmentation de ses ventes.

L'anti-publicité n'est pas une stratégie pour tous. Elle nécessite du courage, de l'audace et une certaine dose de créativité. Elle exige une compréhension profonde de votre public et une connaissance intime de votre marque. Mais lorsqu'elle est bien faite, l'anti-publicité peut être extrêmement puissante. Elle peut détourner les conventions, briser les stéréotypes, et provoquer des conversations. Elle peut vous démarquer dans un océan de similitudes et vous faire remarquer dans un monde de bruit.

Je vous invite à explorer le paradoxe de l'anti-publicité. Posez-vous les questions difficiles. Remettez en question les hypothèses établies. Osez être différent. Osez être audacieux. Osez être authentique. Car c'est dans ces moments de vérité et d'authenticité que nous créons de véritables connexions, que nous racontons de vraies histoires, et que nous faisons une vraie différence.

La stratégie du serpent : l'art de l'optimisation

Permettez-moi de vous présenter la stratégie du serpent, une analogie qui représente l'art de l'optimisation dans le monde de la publicité sur les réseaux sociaux. La référence au serpent évoque l'adaptabilité, l'agilité et la précision, des attributs que tout spécialiste de la publicité sur les réseaux sociaux devrait s'efforcer d'acquérir. Un serpent, vous voyez, est capable de naviguer avec souplesse dans des espaces restreints, de changer de direction rapidement et d'attaquer avec une précision mortelle. De même, un spécialiste en publicité doit être capable d'ajuster sa stratégie en fonction des circonstances, de réagir rapidement aux changements du marché et de cibler son public avec une précision sans faille.

L'optimisation en publicité sur les réseaux sociaux n'est pas une tâche ponctuelle ; c'est un processus continu d'amélioration et d'affinement. C'est un jeu de chiffres, d'analyses et de tests. Et comme pour toute chose, l'optimisation demande du temps, des efforts et de la patience.

Prenons un exemple concret. Supposons que vous lanciez une campagne de publicité pour promouvoir un nouveau produit. Vous créez plusieurs versions de l'annonce, ciblant différents groupes démographiques, avec différentes images et textes. Vous lancez la campagne, collectez les données, analysez les résultats. Certaines annonces fonctionnent bien, d'autres moins bien. Vous faites des ajustements en fonction de vos observations. Vous changez les images qui n'ont pas eu d'écho, vous réécrivez les textes qui n'ont pas engagé, vous ciblez différemment les groupes démographiques qui n'ont pas réagi. Vous lancez à nouveau la campagne, collectez à nouveau les données, analysez à nouveau les résultats. Et le cycle continue.

Mais l'optimisation ne s'arrête pas là. Elle va au-delà des annonces elles-mêmes. Elle concerne également votre page de destination, votre processus de vente, votre service client. Chaque point de contact avec votre client est une opportunité d'optimisation. Par exemple, si votre annonce obtient un taux de clic élevé mais que les conversions sont faibles, le problème pourrait ne pas être l'annonce elle-même, mais la page de destination sur laquelle les utilisateurs atterrissent. Peut-être que la page est trop lente à charger, peut-être que l'information n'est pas claire, peut-être que le processus d'achat est trop compliqué. L'optimisation nécessite une vue d'ensemble, une capacité à voir et à comprendre l'ensemble du parcours client.

La stratégie du serpent est un appel à l'adaptabilité, à l'agilité et à la précision. Elle vous invite à embrasser l'incertitude, à accueillir le changement, à accepter l'échec comme une opportunité d'apprentissage. Elle vous encourage à questionner, à tester, à analyser, à améliorer. Et surtout, elle vous rappelle que l'optimisation n'est pas une destination, mais un voyage, un voyage qui nécessite une curiosité sans fin, une volonté constante d'amélioration et une détermination sans faille à offrir la meilleure expérience possible à votre public.

Alors, êtes-vous prêt à embrasser la stratégie du serpent ? Êtes-vous prêt à vous engager dans ce voyage d'optimisation ? Et si oui, à quel point êtes-vous prêt à vous plonger dans le labyrinthe de la publicité sur les réseaux sociaux ? À vous de décider.

L'analyste des médias sociaux

Dans la peau d'un détective des données

Imaginez-vous en tant que détective des données. C'est une soirée fraîche et vous êtes assis à votre bureau, enveloppé dans le chaleureux éclat d'une lampe de table. Des piles de rapports et de graphiques sont étalées devant vous, chaque ligne de données et chaque point sur une courbe est un indice dans une affaire à résoudre. Les médias sociaux sont votre scène de crime, les données vos témoins silencieux. Vous êtes sur le point de plonger dans un monde qui oscille entre le numérique et l'humain, où les chiffres révèlent des histoires et où l'analyse peut dévoiler des vérités profondes sur notre nature sociale. Vous êtes un analyste des médias sociaux, et votre mission est de démêler le mystère des interactions humaines en ligne.

Les analystes de médias sociaux sont les détectives du monde numérique. Ils cherchent des schémas, identifient des tendances et extraient des connaissances à partir de vastes quantités de données générées par les utilisateurs. Leur travail nécessite une compréhension fine des comportements humains, des compétences pointues en analyse de données et une dose solide de curiosité et de créativité. Mais ce qui distingue vraiment un bon analyste, c'est sa capacité à transformer les données en histoires, à donner un sens à la cacophonie du numérique et à révéler des vérités qui étaient autrement invisibles.

Imaginez une situation typique dans le domaine de l'analyse des médias sociaux. Disons que vous travaillez pour une entreprise qui vient de lancer une nouvelle campagne publicitaire sur les réseaux sociaux. Les premiers résultats sont prometteurs, l'engagement est élevé, les commentaires sont positifs. Mais après quelques jours, quelque chose change. Les likes commencent à ralentir, les commentaires deviennent plus mitigés, le taux de clics baisse. Qu'est-ce qui se passe ?

C'est là que votre travail de détective commence. Vous commencez par examiner les données en surface. Vous regardez les chiffres bruts, les likes, les partages, les commentaires, les clics. Vous comparez les performances de la campagne sur différentes plateformes, à différents moments de la journée, pour différents segments de public. Vous observez des modèles, des anomalies, des pics et des vallées.

Ensuite, vous creusez plus profondément. Vous lisez les commentaires, un par un, en essayant de saisir le sentiment des utilisateurs. Vous analysez les mots-clés et les hashtags, à la recherche de thèmes émergents. Vous utilisez des outils d'analyse avancés pour comprendre le parcours des utilisateurs, le taux de rebond, le temps passé sur la page.

Finalement, vous commencez à voir une image se dessiner. Peut-être que les utilisateurs sont déçus par une fonctionnalité du produit qui a été mal représentée dans les annonces. Peut-être que la campagne n'a pas été bien reçue par un certain segment d'âge. Peut-être que les annonces ont été diffusées à des moments où votre public cible n'était pas actif. Quelle que soit la réponse, elle était là, cachée dans les données, attendant d'être découverte.

Le travail d'un analyste des médias sociaux est un jeu d'équilibriste entre la science et l'art. D'un côté, vous avez les données, objectives, mesurables, concrètes. De l'autre, vous avez les histoires, subjectives, nuancées, pleines de possibilités. Votre tâche est de combiner ces deux mondes, de traduire les chiffres en mots et de donner un sens au chaos apparent du numérique. C'est un défi de taille, mais c'est aussi ce qui rend ce travail si passionnant et si gratifiant.

En tant qu'analyste des médias sociaux, vous êtes un détective des données, un conteur d'histoires et un pont entre le monde numérique et le monde humain. Et la vérité est là, dans les données, attendant que vous la découvriez.

L'art de lire entre les chiffres

Lire entre les chiffres. C'est une expression qui résonne à la fois comme un défi et comme un art. Car dans le domaine de l'analyse des médias sociaux, les chiffres ne sont jamais simplement des chiffres. Ils sont des indicateurs, des signaux, des indices. Ils sont les traces digitales de millions d'interactions humaines, la manifestation numérique de nos pensées, de nos sentiments, de nos désirs. Pour l'analyste des médias sociaux, les chiffres ne sont que le début de l'histoire. Le véritable défi est de lire entre ces chiffres, de découvrir les schémas cachés, les tendances émergentes, les histoires non racontées.

L'art de lire entre les chiffres est un processus à plusieurs niveaux qui combine la rigueur scientifique et l'intuition créative. Il commence par l'observation. L'analyste examine les données, scrute les tableaux et les graphiques, recherche les anomalies et les points de données qui sortent de l'ordinaire. Il peut s'agir d'un pic soudain d'engagement, d'un changement inattendu dans le sentiment des utilisateurs, ou d'une fluctuation inexplicable dans le trafic du site. Chaque anomalie est une invitation à creuser plus profondément, à poser des questions, à explorer.

L'étape suivante est l'analyse. L'analyste utilise une variété d'outils et de techniques pour décomposer les données, pour les examiner sous différents angles, pour les relier les unes aux autres. Il peut s'agir de statistiques descriptives, d'analyses de tendances, de modèles de prévision, de tests d'hypothèses. À chaque étape de l'analyse, l'analyste fait preuve de scepticisme et de curiosité, se posant constamment la question : "Que disent vraiment ces chiffres ?"

C'est à ce stade que l'intuition et la créativité entrent en jeu. Lire entre les chiffres n'est pas seulement une question de calculs et de formules. C'est aussi une question d'imagination, de flair, de sensibilité aux nuances et aux détails. L'analyste doit être capable de voir au-delà des évidences, de percevoir les subtilités cachées, de faire des connexions qui ne sont pas immédiatement évidentes. Il doit pouvoir entendre les murmures silencieux des données, les signaux faibles qui peuvent indiquer un changement de tendance, une opportunité à saisir, une crise à éviter.

Enfin, lire entre les chiffres implique de raconter l'histoire. Les données, aussi riches et complexes soient-elles, ne signifient rien si elles ne peuvent pas être communiquées de manière claire et convaincante. L'analyste doit donc être aussi un conteur, capable de traduire les chiffres en mots, de donner un sens à la complexité, de rendre l'abstrait concret. C'est en racontant l'histoire des données que l'analyste apporte une valeur ajoutée, en éclairant les prises de décision, en orientant les stratégies, en guidant les actions.

Lire entre les chiffres est donc un art qui nécessite à la fois une solide formation en analyse de données et une sensibilité à l'humain. C'est un art qui demande patience, persévérance, curiosité et créativité. C'est un art qui révèle la véritable magie de l'analyse des médias sociaux : la capacité de donner un sens à l'océan de données numériques, de raconter les histoires cachées derrière les chiffres, d'apporter une nouvelle compréhension du monde numérique dans lequel nous vivons.

L'éloge de l'ignorance :
l'importance des données ignorées

La force et la puissance des médias sociaux résident dans leur capacité à recueillir et à générer d'énormes quantités de données. Chaque like, chaque commentaire, chaque partage, chaque clic contribue à une masse de données sans cesse croissante. Pour l'analyste des médias sociaux, cette avalanche de données est à la fois une bénédiction et un défi. Une bénédiction, parce qu'elle offre un réservoir d'informations potentiellement précieuses. Un défi, parce qu'il est impossible de tout saisir, de tout comprendre, de tout analyser.

Il est tentant, dans ce contexte, de se concentrer sur les données les plus visibles, les plus bruyantes, les plus faciles à recueillir. Les chiffres d'engagement, les taux de clics, le nombre de followers. Ce sont des mesures importantes, sans aucun doute. Mais il y a aussi une autre catégorie de données, souvent négligée, mais tout aussi précieuse. Ce sont les données que nous choisissons d'ignorer.

Les données ignorées sont celles qui ne rentrent pas dans nos modèles préconçus, qui ne correspondent pas à nos hypothèses, qui ne correspondent pas à nos attentes. Ce sont les données qui semblent insignifiantes, sans importance, déroutantes. Les outliers, les anomalies, les exceptions. Les moments de silence, de non-engagement, de non-participation.

L'éloge de l'ignorance est un appel à prêter attention à ces données ignorées. À les valoriser, à les explorer, à les comprendre. Parce qu'elles peuvent contenir des indices précieux, des insights inattendus, des opportunités inexploitées. Parce qu'elles peuvent nous aider à voir au-delà des apparences, à questionner nos présomptions, à repenser nos stratégies.

L'éloge de l'ignorance est aussi une reconnaissance de nos limites. En tant qu'analystes, nous ne pouvons jamais tout savoir, tout comprendre, tout prévoir. Il y aura toujours des aspects de la réalité des médias sociaux qui nous échapperont, des dimensions des données qui resteront inexplorées. Mais plutôt que de voir cela comme une faiblesse, nous devrions le voir comme une force. Parce que c'est en embrassant notre ignorance, en admettant ce que nous ne savons pas, que nous pouvons rester ouverts, curieux, enclins à apprendre.

L'éloge de l'ignorance n'est pas un appel à l'ignorance volontaire ou à l'incompétence. C'est un appel à une sorte de sagesse : la sagesse de savoir que nous ne savons pas tout. C'est un appel à être humble face à la complexité et à la richesse des données des médias sociaux. C'est un appel à voir l'ignorance non pas comme un obstacle à surmonter, mais comme une invitation à explorer, à découvrir, à innover.

L'éloge de l'ignorance, en fin de compte, est un éloge de la curiosité, de l'étonnement, de l'apprentissage. C'est une célébration de la joie de la découverte, de l'excitation de l'inconnu, de la beauté de la surprise. C'est un hommage à l'art et à la science de l'analyse des médias sociaux, un rappel de ce qui rend ce domaine si fascinant, si gratifiant, si essentiel. Parce qu'au cœur de l'analyse des médias sociaux, il y a toujours cette question : que se passe-t-il dans les espaces que nous ignorons ?

L'analyste aveugle : la sagesse dans l'ignorance

Nous avons tous entendu l'histoire de l'homme aveugle et de l'éléphant. Un groupe de personnes aveugles, n'ayant jamais rencontré un éléphant auparavant, touchent différentes parties de l'animal pour tenter de comprendre à quoi il ressemble. L'un touche la trompe et pense que l'éléphant ressemble à un serpent. Un autre touche une patte et pense que l'éléphant ressemble à un tronc d'arbre. Un autre encore touche la queue et croit que l'éléphant ressemble à une corde. Aucun d'eux n'a une image complète de l'éléphant, et pourtant, chacun d'eux est convaincu de détenir la vérité.

L'analyste des médias sociaux, dans son rôle d'interprète des données, ressemble souvent à ces hommes aveugles. Dans le flux incessant de données provenant des plateformes de médias sociaux, il est facile de se concentrer sur une partie de l'éléphant, les likes, les retweets, les commentaires, et d'ignorer le reste de l'animal. Mais tout comme l'homme qui touche la trompe de l'éléphant et pense qu'il s'agit d'un serpent, l'analyste qui se concentre sur un seul type de données risque de se tromper sur la nature du paysage des médias sociaux dans son ensemble.

C'est là que réside la sagesse de l'ignorance. L'acceptation que, malgré notre meilleur travail, notre compréhension des médias sociaux sera toujours incomplète. Comme l'homme aveugle qui admet qu'il ne peut comprendre l'éléphant en entier, l'analyste sage reconnaît qu'il ne peut jamais saisir pleinement la complexité des médias sociaux.

Pourtant, cela ne signifie pas que nous devons renoncer à l'analyse. Au contraire, cela signifie que nous devons être prêts à questionner nos propres hypothèses, à remettre en question nos propres conclusions, à chercher toujours à apprendre et à comprendre davantage. Cela signifie que nous devons être prêts à accepter l'incertitude, l'ambiguïté et le mystère qui entourent toujours notre travail.

L'analyste aveugle est celui qui comprend que l'ignorance n'est pas une faiblesse, mais une force. C'est celui qui sait qu'il ne sait pas, et qui trouve dans cette connaissance une source de curiosité, d'ouverture et de créativité. C'est celui qui, en dépit de son manque de vision, cherche toujours à voir plus loin, plus profondément, plus clairement.

Dans le monde de l'analyse des médias sociaux, nous sommes tous, à un certain niveau, des analystes aveugles. Nous sommes tous confrontés à l'immensité de l'éléphant des médias sociaux, à la complexité déconcertante de ses formes, de ses mouvements, de ses sons. Nous touchons tous une partie de cet éléphant, et nous essayons tous de comprendre ce que nous touchons. Et pourtant, nous ne pouvons jamais saisir l'éléphant dans son intégralité.

Et peut-être que c'est une bonne chose. Peut-être que c'est ce qui fait de l'analyse des médias sociaux un travail si fascinant, si stimulant, si gratifiant. Peut-être que c'est ce qui nous pousse à chercher toujours à en savoir plus, à aller plus loin, à nous poser des questions plus profondes. Peut-être que c'est ce qui fait de nous des analystes aveugles, et peut-être que c'est ce qui fait de nous des analystes sages.

Le gestionnaire
de communauté

Le chef d'orchestre des interactions sociales

S i l'ère du numérique a créé un orchestre géant de voix,
d'opinions, de données et de contenu, alors le
gestionnaire de communauté est le chef d'orchestre qui
rassemble ces éléments apparemment disparates en une
symphonie harmonieuse. Ils sont chargés de coordonner les
interactions sociales dans le monde en constante évolution
des médias sociaux, une tâche qui exige autant de finesse que
de force, autant de tact que de courage.

Imaginez pour un instant que vous êtes un chef
d'orchestre. Devant vous, vous avez une multitude de
musiciens, chacun avec son propre instrument, sa propre
partition, sa propre voix. Certains jouent en douceur, créant
un fond sonore presque imperceptible. D'autres jouent avec
une vigueur passionnée, remplissant l'air de notes vives et
audacieuses. Votre travail consiste à rassembler ces voix, à
diriger ces musiciens, à transformer ce bruit en musique.

Le travail d'un gestionnaire de communauté n'est pas très
différent. Au lieu de musiciens, vous avez des membres de la
communauté, des utilisateurs, des followers, des clients, des
partenaires. Chacun a sa propre voix, son propre ton, son
propre message. Certains parlent doucement, contribuant de
manière subtile à la conversation. D'autres parlent avec
audace, prenant des positions fortes et suscitant des débats

animés. Votre travail consiste à guider ces voix, à modérer ces discussions, à créer un espace où tous peuvent être entendus et où tous peuvent contribuer.

Ce n'est pas une tâche facile. Il faut de la patience pour écouter toutes les voix, même celles qui sont à peine audibles. Il faut du courage pour faire face à la dissension et au conflit, pour défendre les valeurs et les principes de la communauté, même lorsque cela est difficile. Il faut de la sagesse pour comprendre les différentes perspectives, pour voir au-delà des mots et comprendre les sentiments, les intentions, les motivations qui se cachent derrière eux.

Et pourtant, malgré ces défis, le rôle du gestionnaire de communauté est d'une importance vitale. Sans eux, les médias sociaux ne seraient qu'un bruit, un chaos de voix sans direction ni but. Avec eux, les médias sociaux peuvent devenir une musique, une symphonie de voix unies par des buts communs, des valeurs partagées, une vision commune.

Ainsi, alors que nous naviguons dans le labyrinthe des likes, il est crucial de reconnaître et d'honorer le travail de ces chefs d'orchestre invisibles. Ce sont eux qui donnent forme à notre expérience des médias sociaux, qui façonnent les conversations, qui créent les communautés. Ce sont eux qui transforment le bruit en musique, le chaos en harmonie, les voix en symphonie.

L'art de la résonance émotionnelle

La gestion d'une communauté ne se résume pas à la simple modération de discussions et à l'organisation d'événements. Le véritable enjeu réside dans l'art de la résonance émotionnelle : établir une connexion qui dépasse les échanges superficiels et atteint le cœur des individus. C'est dans cette capacité à engager les émotions de la communauté que le gestionnaire transforme un simple groupe d'individus en une véritable communauté.

Imaginez pour un instant que vous êtes un musicien. Votre instrument est un violon, votre partition une mélodie douce et mélancolique. Vous commencez à jouer, les notes s'élevant et s'évanouissant dans l'air. À mesure que vous jouez, vous ressentez quelque chose, une émotion, une sensation. C'est de la tristesse, peut-être, ou de la nostalgie. C'est une émotion si puissante, si réelle, qu'elle semble presque prendre vie, se propager dans l'air, atteindre chaque personne qui écoute.

C'est ce que fait un gestionnaire de communauté. Il ne joue pas d'un instrument, mais il joue une mélodie tout de même, une mélodie faite de mots, d'images, d'interactions. Et comme le musicien, il cherche à provoquer une résonance émotionnelle, à éveiller des sentiments, à toucher le cœur des membres de sa communauté.

C'est un art délicat. Chaque communauté est différente, chaque individu unique. Ce qui résonne avec un membre peut ne pas résonner avec un autre. L'humour peut être apprécié par certains, mais considéré comme offensant par d'autres. Un message inspirant pour une personne peut sembler cliché à une autre. Il faut être à l'écoute, comprendre les nuances, respecter les différences.

Mais quand cela réussit, la résonance émotionnelle peut transformer une communauté. Elle peut créer un sentiment d'appartenance, renforcer les liens entre les membres, engager les individus à un niveau profond. Elle peut inspirer, motiver, consoler, divertir. Elle peut, en un mot, humaniser les médias sociaux, donner un visage et une âme à la technologie numérique.

Alors, comment crée-t-on cette résonance émotionnelle ? Il n'y a pas de formule magique, pas de guide étape par étape. Mais il y a des principes. Il faut de l'authenticité, être vrai, être soi-même, être humain. Il faut de l'empathie, comprendre les sentiments des autres, se mettre à leur place, partager leurs joies et leurs peines. Il faut de la patience, prendre le temps d'écouter, de comprendre, de réagir. Il faut, en fin de compte, de l'amour, aimer sa communauté, aimer ses membres, aimer ce que l'on fait.

C'est le cœur de l'art de la résonance émotionnelle, l'âme de la gestion de la communauté. C'est ce qui transforme le bruit en musique, le chaos en harmonie, les voix en symphonie. C'est ce qui fait d'un gestionnaire de communauté non pas un simple modérateur, mais un véritable chef d'orchestre des émotions.

Le silence est d'or :
quand ne pas répondre est la meilleure réponse

La gestion d'une communauté en ligne est une tâche complexe qui requiert un ensemble d'habiletés sociales, techniques et organisationnelles. Un aspect souvent négligé de ce rôle est la maîtrise du silence. L'art de savoir quand se taire, quand ne pas répondre, peut s'avérer aussi crucial que l'habileté à communiquer de manière efficace. Dans certains cas, le silence peut être la réponse la plus puissante, la plus respectueuse et la plus stratégique.

Comme dans une conversation personnelle, chaque échange dans une communauté en ligne a un rythme, une cadence. Parfois, la conversation coule rapidement, les réponses s'échangeant à un rythme effréné. D'autres fois, les discussions sont plus lentes, plus réfléchies. Un bon gestionnaire de communauté sait reconnaître et respecter ces rythmes, et comprend quand une pause, un silence, peut être bénéfique.

Il y a des moments où le silence est non seulement approprié, mais nécessaire. Par exemple, lorsqu'un membre de la communauté partage une expérience personnelle douloureuse ou un point de vue controversé, une réponse immédiate peut sembler insensible ou hâtive. Dans ces situations, un silence respectueux peut donner à la personne l'espace dont elle a besoin pour s'exprimer pleinement, pour se sentir entendue et validée.

De même, dans des situations conflictuelles, où les émotions sont fortes et les opinions polarisées, une réponse rapide peut enflammer davantage les tensions. Un silence stratégique peut permettre aux gens de prendre du recul, de se calmer et de réfléchir avant de reprendre la conversation de manière plus constructive.

Cependant, le silence n'est pas toujours la meilleure option. Un silence prolongé peut être interprété comme de l'indifférence, de l'insensibilité ou de l'incompétence. Il est donc essentiel de savoir quand rompre le silence, quand apporter une réponse réfléchie et empathique. La clé est d'être attentif aux besoins et aux sentiments de la communauté, et de répondre, ou de ne pas répondre, en conséquence.

Enfin, il est important de se rappeler que le silence n'est pas une absence de communication, mais une forme de communication en soi. Un silence bien placé peut transmettre un message fort et clair, de respect, de patience, de réflexion. Il peut encourager l'écoute, la compréhension et l'empathie. Il peut créer un espace pour le dialogue, la croissance et l'apprentissage. En somme, le silence peut être d'or, si on sait comment et quand l'utiliser.

La danse du chaos : la gestion des crises

La gestion de communauté est une danse délicate, une chorégraphie complexe de communication, de modération et de construction de relations. La plupart du temps, cette danse est rythmée et harmonieuse, guidée par les règles et les normes établies de la communauté. Cependant, il arrive des moments où le rythme change brusquement, où la musique s'emballe. Ce sont les moments de crise.

Une crise peut surgir de nulle part et prendre de nombreuses formes. Un commentaire incendiaire qui enflamme les passions. Une rumeur ou une fausse information qui se répand comme un feu de forêt. Une violation majeure des règles de la communauté. Un bug technique qui rend la plateforme inutilisable. Peu importe la cause, une crise est un moment de désordre, de confusion, d'émotions fortes. C'est un test pour le gestionnaire de communauté et une opportunité de montrer ses compétences, sa résilience et son leadership.

La gestion des crises est une danse du chaos. C'est une question de rapidité, d'adaptabilité, de courage. C'est savoir quand intervenir et quand se retirer, quand parler et quand écouter, quand maintenir le cap et quand changer de direction. C'est une question de jugement, de tact, de sensibilité. Et surtout, c'est une question de confiance, de transparence et de respect.

La première étape dans la gestion d'une crise est la reconnaissance. Reconnaître qu'il y a une crise, qu'il y a un problème qui nécessite une attention et une action immédiates. Ignorer une crise ou la minimiser ne fera qu'aggraver la situation et éroder la confiance de la communauté.

La deuxième étape est l'évaluation. Comprendre la nature de la crise, sa cause, son impact, ses implications. Recueillir des informations, consulter des experts, analyser les données. Prendre le temps de comprendre la situation avant de réagir.

La troisième étape est la communication. Informer la communauté de ce qui se passe, de ce que vous faites pour résoudre le problème, de ce qu'ils peuvent faire pour aider. Être ouvert, honnête, empathique. Maintenir les lignes de communication ouvertes et fournir des mises à jour régulières.

La quatrième étape est l'action. Mettre en œuvre un plan pour résoudre la crise, pour rétablir l'ordre, pour prévenir les problèmes futurs. Cela peut impliquer la modération des discussions, la correction des informations erronées, la réparation des bugs techniques, la mise en œuvre de nouvelles règles ou procédures.

La dernière étape est la réflexion. Une fois la crise résolue, prendre le temps de réfléchir sur ce qui s'est passé, sur ce qui a bien fonctionné et sur ce qui aurait pu être fait différemment. Apprendre de l'expérience, améliorer les stratégies et les systèmes de gestion des crises, renforcer la résilience de la communauté.

La gestion des crises n'est pas une science exacte. Chaque crise est unique et nécessite une réponse unique. Cependant, avec la bonne préparation, la bonne attitude et les bonnes compétences, un gestionnaire de communauté peut transformer une crise en une occasion de croissance, de maturation et de renforcement de la communauté.

L'expert en droit des médias sociaux

Le gardien des lois numériques

Le monde numérique est un univers à part entière, avec ses propres paysages, ses propres habitants, ses propres dynamiques. Et, tout comme le monde physique, il est régi par des lois. Ces lois numériques sont conçues pour encadrer les comportements, pour protéger les individus et les organisations, pour maintenir un certain ordre et une certaine équité. Elles sont là pour définir ce qui est acceptable et ce qui ne l'est pas, ce qui est permis et ce qui est interdit, ce qui est juste et ce qui est injuste.

L'expert en droit des médias sociaux est le gardien de ces lois numériques. Il est le protecteur des droits et des intérêts des utilisateurs des médias sociaux, le défenseur de l'éthique et de l'intégrité, le gardien de la conformité et de la responsabilité. Son rôle est de s'assurer que les règles du jeu sont respectées, que la partie est équitable, que les abus sont évités ou corrigés.

Mais ce rôle est loin d'être facile. Le paysage juridique des médias sociaux est complexe et en constante évolution. Les lois et régulations diffèrent d'un pays à l'autre, d'une plateforme à l'autre, d'une situation à l'autre. Les technologies émergentes et les nouvelles pratiques des utilisateurs posent des défis inédits, soulèvent des questions inexplorées, créent des zones grises.

Par exemple, quels sont les droits et les devoirs des utilisateurs des médias sociaux en matière de liberté d'expression, de vie privée, de propriété intellectuelle ? Comment équilibrer la protection contre la cyberintimidation et la diffamation avec le respect de la liberté d'expression ? Comment gérer la collecte, l'utilisation et le partage des données personnelles ? Comment réguler la publicité, le marketing et la promotion sur les médias sociaux ? Comment faire face aux comportements illégaux ou préjudiciables, tels que le piratage, le trolling, le doxxing, le revenge porn, la désinformation, l'incitation à la haine ?

En plus de ces questions juridiques, l'expert en droit des médias sociaux doit aussi se préoccuper des questions éthiques. Car la loi n'est pas toujours claire, la loi n'est pas toujours juste, la loi n'est pas toujours suffisante. Parfois, la bonne chose à faire n'est pas ce qui est légal, mais ce qui est éthique, ce qui est humain, ce qui est respectueux.

Enfin, l'expert en droit des médias sociaux doit être un communicateur efficace. Il doit être capable d'expliquer les lois et les règles de manière claire et accessible, de conseiller les utilisateurs et les organisations sur leurs droits et leurs obligations, de négocier et de résoudre les conflits, de représenter et de défendre les intérêts de ses clients.

L'art de naviguer dans les zones grises

Naviguer dans les zones grises, c'est tout un art. Et dans l'univers du droit des médias sociaux, les zones grises sont partout. Ce sont ces zones où les lois et les règles ne sont pas claires, où les principes et les pratiques sont en conflit, où les cas et les contextes sont uniques. Ce sont ces zones où la décision n'est pas évidente, où le choix n'est pas tranché, où le chemin n'est pas balisé. Ce sont ces zones qui demandent de la réflexion, de la créativité, de l'audace.

Par exemple, prenons le cas de la liberté d'expression. C'est un droit fondamental, protégé par la Constitution et par les conventions internationales. Mais ce droit a ses limites. Il ne permet pas de diffamer, d'inciter à la haine, de violer la vie privée. Alors, où tracer la ligne entre la liberté d'expression et le respect de ces limites ? C'est une zone grise.

Ou prenons le cas de la collecte des données personnelles. C'est une pratique courante sur les médias sociaux, nécessaire pour personnaliser les services, pour cibler les publicités, pour analyser les comportements. Mais cette pratique a ses contraintes. Elle doit respecter le consentement, la transparence, la sécurité. Alors, comment concilier la collecte des données personnelles avec le respect de ces contraintes ? C'est une zone grise.

Ou encore, prenons le cas de la modération des contenus. C'est une responsabilité des plateformes de médias sociaux, essentielle pour maintenir un environnement sûr, sain, respectueux. Mais cette responsabilité a ses dilemmes. Elle doit éviter la censure, la discrimination, l'arbitraire. Alors, comment exercer la modération des contenus sans tomber dans ces pièges ? C'est une zone grise.

Pour naviguer dans ces zones grises, l'expert en droit des médias sociaux a besoin de plusieurs compétences.

D'abord, il a besoin d'une connaissance approfondie des lois et des règles, des principes et des pratiques, des cas et des contextes. Il doit être à jour avec les évolutions législatives, judiciaires, technologiques, sociétales. Il doit être capable d'interpréter les textes, de comprendre les enjeux, de saisir les nuances.

Ensuite, il a besoin d'une capacité d'analyse et de jugement, de réflexion et de décision. Il doit être capable de peser les pros et les cons, de comparer les options, de prédire les conséquences. Il doit être capable de prendre des décisions éclairées, justifiées, responsables.

Enfin, il a besoin d'une attitude d'ouverture et de courage, d'humilité et de résilience. Il doit être prêt à remettre en question ses présupposés, à admettre ses erreurs, à apprendre de ses expériences. Il doit être prêt à défendre ses convictions, à affronter les défis, à persévérer malgré les obstacles.

Le rebelle légal : l'importance de la désobéissance civile numérique

La désobéissance civile a toujours été un moteur de changement. Des manifestations du mouvement des droits civiques aux sit-in des protestations contre la guerre, l'histoire est remplie d'exemples de citoyens ordinaires qui ont défié l'autorité dans le but d'instaurer une justice sociale. À l'ère numérique, cette forme de résistance prend une nouvelle tournure. Le rebelle légal dans le contexte des médias sociaux ne descend pas dans la rue avec une pancarte à la main, mais utilise plutôt la puissance des plateformes numériques pour défier l'injustice. Ils sont les défenseurs de la désobéissance civile numérique.

L'acte de désobéissance civile numérique peut prendre de nombreuses formes. Il peut s'agir de violer intentionnellement les termes de service d'une plateforme de médias sociaux pour attirer l'attention sur une cause injuste. Ou bien, cela pourrait signifier la création et la diffusion de contenus qui remettent en question les normes établies. Cela pourrait aussi impliquer l'utilisation de techniques de contournement pour éviter la censure ou la surveillance.

Mais naviguer dans cette voie de rébellion nécessite plus qu'un simple désir de perturber le statu quo. Pour être efficace et éviter des conséquences juridiques indésirables, le rebelle légal doit comprendre profondément les lois et régulations en vigueur, ainsi que les politiques des plateformes qu'il cherche à défier. Il doit également comprendre comment utiliser les outils numériques à sa disposition pour maximiser l'impact de ses actions, tout en minimisant le risque de représailles.

Et c'est là qu'intervient l'expert en droit des médias sociaux. Par sa connaissance approfondie des lois et des réglementations qui gouvernent l'espace numérique, l'expert en droit des médias sociaux peut aider le rebelle légal à naviguer dans les complexités du monde numérique. Ils peuvent offrir des conseils sur comment agir de manière à attirer l'attention sur une cause sans violer la loi ou risquer un bannissement injustifié. Ils peuvent également aider à élaborer des stratégies pour se défendre contre d'éventuelles actions en justice.

Mais l'expert en droit des médias sociaux peut faire plus que simplement offrir des conseils juridiques. Par leur compréhension de l'intersection entre la loi, la technologie et la société, ils peuvent aider à définir la stratégie globale du rebelle légal. Ils peuvent aider à identifier les opportunités et les défis uniques que présente l'espace numérique, et à adapter les tactiques de désobéissance civile pour maximiser leur efficacité dans ce nouveau contexte.

En fin de compte, l'expert en droit des médias sociaux joue un rôle essentiel en soutenant et en guidant le rebelle légal dans son voyage de désobéissance civile numérique. Ensemble, ils peuvent utiliser le pouvoir des médias sociaux pour remettre en question l'injustice, défier l'autorité et instaurer un changement social.

La loi du silence : quand la censure est la liberté

Il est paradoxal de penser que la censure peut, d'une certaine manière, être associée à la liberté. Cependant, dans l'arène complexe et en constante évolution des médias sociaux, ce paradoxe devient une réalité, une réalité que l'expert en droit des médias sociaux doit comprendre et avec laquelle il doit jongler au quotidien.

La "loi du silence" fait référence aux situations où la limitation de certaines formes d'expression peut en fait favoriser une plus grande liberté et équité dans le monde des médias sociaux. Cette idée va à l'encontre de la notion traditionnelle de liberté d'expression, qui prône la libre circulation de toutes les idées, quelles qu'elles soient.

Cependant, l'ère des médias sociaux a introduit des défis uniques qui exigent une réflexion plus nuancée. Des problèmes tels que le harcèlement en ligne, la désinformation et le discours de haine ont révélé que sans aucune forme de réglementation ou de censure, la liberté d'expression peut facilement être exploitée pour nuire aux autres et déséquilibrer le discours public. Dans de tels cas, l'imposition de certaines restrictions peut en fait servir à protéger les utilisateurs vulnérables et à préserver l'intégrité du débat public.

L'expert en droit des médias sociaux joue un rôle crucial dans la navigation à travers ce terrain délicat. Ils doivent comprendre comment la loi s'applique aux diverses formes d'expression sur les médias sociaux et où tracer la ligne entre la censure justifiée et la suppression de la liberté d'expression. Ils doivent également être capables de conseiller les créateurs de contenu, les plateformes de médias sociaux et les utilisateurs sur la façon de naviguer dans ce paysage complexe.

C'est un équilibre délicat. D'une part, la suppression excessive du contenu peut étouffer la diversité des voix et des idées et peut même constituer une forme d'autoritarisme. D'autre part, l'absence de réglementation peut permettre à des comportements préjudiciables de proliférer, entravant ainsi la liberté d'expression de ceux qui sont ciblés ou marginalisés.

C'est là qu'intervient le concept de "censure en tant que liberté". En comprenant et en appliquant judicieusement les lois et les règlements, l'expert en droit des médias sociaux peut aider à créer un environnement où tous les utilisateurs peuvent s'exprimer librement sans craindre de harcèlement, de désinformation ou de discours de haine. Dans ce sens, la "loi du silence" n'est pas un moyen de réprimer la liberté d'expression, mais plutôt un outil pour la protéger et la promouvoir.

L'influenceur
des médias sociaux

Le maître des marionnettes

Il est difficile d'ignorer l'impact des influenceurs sur les médias sociaux. Ils sont partout, capturant l'attention de millions de personnes avec leur style de vie enviable, leur sens aigu de la mode, leur expertise dans un domaine précis, ou leur capacité à raconter des histoires captivantes. Mais ce qui est vraiment fascinant, c'est la façon dont ces influenceurs manipulent habilement les ficelles du jeu des médias sociaux. En réalité, ce sont des maîtres des marionnettes qui, à travers leur habileté à créer et à partager du contenu, tirent les ficelles de l'opinion publique et façonnent les tendances culturelles.

Le titre de "maître des marionnettes" n'est pas donné à la légère. Les influenceurs ne sont pas simplement des personnes qui postent des photos attrayantes ou des vidéos intéressantes. Ils sont stratégiques et intentionnels dans tout ce qu'ils font. Chaque post, chaque tweet, chaque story est méticuleusement conçu pour captiver, engager et, ultimement, influencer leurs abonnés.

Une grande partie de leur travail consiste à comprendre leur public. Quels sont leurs intérêts, leurs préoccupations, leurs désirs ? Qu'est-ce qui les fait rire, les rend tristes, ou les inspire ? Avec ces informations, les influenceurs sont capables de créer du contenu qui résonne à un niveau profondément personnel, créant ainsi un lien fort avec leurs abonnés.

Mais les influenceurs ne sont pas seulement des manipulateurs d'émotions. Ils sont aussi des stratèges habiles. Ils savent comment travailler avec les algorithmes des plateformes de médias sociaux pour s'assurer que leur contenu atteint le plus grand nombre de personnes possible. Ils comprennent l'importance du timing, de la fréquence des posts, et de l'utilisation des hashtags pour augmenter leur visibilité. Ils sont également très conscients de l'importance de l'authenticité. Dans un monde numérique où la méfiance est courante, ils savent que la véritable influence ne peut être gagnée qu'en restant vrais et transparents avec leur public.

Les influenceurs sont aussi des spécialistes du marketing. Que ce soit pour promouvoir leur propre marque ou pour travailler en partenariat avec d'autres entreprises, ils savent comment utiliser leur influence pour générer des ventes et développer des marques. Ils sont experts dans l'art de la promotion subtile, intégrant habilement les produits dans leur contenu de manière à ne pas aliéner leur public.

Mais peut-être que le rôle le plus important des influenceurs est celui de créateurs de culture. Par leur influence, ils ont le pouvoir de définir ce qui est cool, ce qui est acceptable et ce qui est souhaitable. Ils créent les tendances qui façonnent la façon dont nous nous habillons, ce que nous mangeons, comment nous décorons nos maisons, et même comment nous pensons et parlons de questions importantes.

L'art de l'authenticité feinte

Dans le monde des médias sociaux, l'authenticité est une monnaie précieuse. C'est un attribut que les utilisateurs valorisent et recherchent activement chez ceux qu'ils choisissent de suivre. Cependant, il existe un paradoxe troublant. Alors que l'authenticité est censée être spontanée, naturelle et réelle, dans l'écosystème des médias sociaux, elle est souvent soigneusement orchestrée et délibérément mise en scène. C'est ce que nous appelons l'art de l'authenticité feinte.

Dans un monde où tout le monde a une caméra dans sa poche et où les réseaux sociaux offrent un public potentiel de millions de personnes, la vie privée est devenue une denrée rare. Pour les influenceurs des médias sociaux, cette vie privée est souvent sacrifiée sur l'autel de l'authenticité. Les followers attendent un accès sans précédent à la vie personnelle de ceux qu'ils admirent. Les repas, les vacances, les fêtes, les moments de détente et même les moments de vulnérabilité sont tous considérés comme du contenu potentiel.

Cette exigence crée une pression pour les influenceurs à « vivre pour le contenu". Chaque instant devient une opportunité pour une photo, une story ou un post. L'authenticité, en principe, devrait être facile. Après tout, il suffit d'être soi-même. Mais dans la réalité, cette transparence constante peut être épuisante. Il y a une tension inhérente entre vivre sa vie et documenter sa vie pour la consommation publique. Et pour maintenir l'illusion d'authenticité, les influenceurs doivent souvent jouer un rôle, en cultivant une image soigneusement élaborée de qui ils sont et de ce qu'est leur vie.

L'authenticité feinte prend de nombreuses formes. Elle peut être aussi simple que de prendre plusieurs photos pour obtenir le "candid shot" parfait. Ou elle peut être plus complexe, comme la fabrication d'une histoire de marque personnelle qui, bien que basée sur la réalité, est romancée pour un effet dramatique. Le filtre Valencia sur Instagram peut faire des merveilles pour créer une atmosphère de nostalgie authentique. Et une légende bien placée peut transformer un selfie ordinaire en un moment de vulnérabilité apparente et de réalité brute.

Cependant, malgré les critiques, l'authenticité feinte n'est pas nécessairement une mauvaise chose. Elle est le produit de la tension entre les attentes du public et les réalités de la vie sous les projecteurs. Elle est un mécanisme de défense, une façon pour les influenceurs de maintenir une certaine distance et de protéger leur véritable intimité.

De plus, elle est également une forme d'art en soi. C'est un spectacle de réalité, où les influenceurs sont à la fois les metteurs en scène et les acteurs principaux. Et même si nous, en tant que public, savons que tout n'est pas tout à fait comme il semble, nous jouons le jeu. Parce que nous apprécions l'illusion de proximité et d'intimité qu'elle offre.

L'influenceur invisible :
la puissance de l'anonymat

En tant que symbole du pouvoir des médias sociaux, l'influenceur a gagné en notoriété et en influence. Leur capacité à façonner l'opinion publique, à définir les tendances et à promouvoir les produits a attiré l'attention des entreprises, des médias et du grand public. Cependant, alors que la plupart des influenceurs sont connus pour leur visibilité et leur notoriété, une autre forme d'influenceur a émergé : l'influenceur invisible.

L'influenceur invisible n'est pas une figure publique au sens traditionnel du terme. Ils n'ont pas des millions de followers sur Instagram ou Twitter. Leur nom et leur visage ne sont pas connus du grand public. Pourtant, leur impact est tout aussi puissant, voire plus. Ils opèrent dans l'ombre, utilisant l'anonymat comme un outil pour exercer leur influence.

L'anonymat offre plusieurs avantages aux influenceurs invisibles. Tout d'abord, il leur donne la liberté d'exprimer des opinions qui pourraient être controversées ou impopulaires sans craindre les répercussions personnelles ou professionnelles. Cela leur permet de parler franchement et honnêtement de sujets qui sont souvent évités dans le discours public.

L'anonymat permet à l'influenceur invisible de se concentrer sur le message plutôt que sur le messager. Sans l'attrait de la célébrité ou l'égo lié à une identité personnelle, l'attention est portée sur ce qui est dit plutôt que sur qui le dit. Cela peut aider à éviter le culte de la personnalité qui entoure souvent les influenceurs traditionnels et à maintenir l'accent sur le contenu.

L'anonymat offre un certain niveau de protection. Les influenceurs invisibles peuvent éviter les pièges de la célébrité, tels que le harcèlement en ligne, l'invasion de la vie privée et la pression pour maintenir une image publique spécifique. Cela peut leur permettre de préserver leur bien-être mental et émotionnel tout en exerçant leur influence.

Les influenceurs invisibles peuvent se manifester de différentes manières. Ils peuvent être des blogueurs anonymes qui partagent leurs points de vue sur des sujets spécifiques. Ils peuvent être des modérateurs de forums en ligne qui façonnent le discours dans leur communauté. Ils peuvent être des utilisateurs de Twitter qui partagent des informations et des idées sous un pseudonyme. Ou ils peuvent être des membres actifs de groupes de discussion en ligne qui influencent les opinions et les comportements de leurs pairs.

Cependant, bien que l'anonymat offre de nombreux avantages, il comporte également des défis et des risques. Sans l'obligation de rendre des comptes qui accompagne l'identité publique, les influenceurs invisibles peuvent être tentés d'abuser de leur pouvoir. Ils peuvent propager des informations fausses ou trompeuses, inciter à la haine ou à la violence, ou manipuler l'opinion publique à des fins personnelles ou politiques. Il est donc essentiel de faire preuve de discernement et de pensée critique lors de l'interaction avec les influenceurs invisibles, tout comme avec les influenceurs traditionnels.

Le miroir brisé :
les dangers de l'admiration aveugle

L'un des aspects les plus percutants des médias sociaux est leur capacité à nous rapprocher des personnes que nous admirons, à briser les barrières entre les fans et les célébrités. C'est une proximité qui a permis à des influenceurs de tous types de se faire connaître, de partager leur style de vie, leurs idées et leurs expériences, et d'amasser des suivis conséquents. Cependant, ce pouvoir peut se transformer en une double lame tranchante : l'admiration aveugle peut conduire à des déceptions déchirantes, des comportements toxiques et des conséquences néfastes pour la santé mentale. Nous allons explorer ce phénomène dans cette section, que nous avons intitulée : "Le miroir brisé : les dangers de l'admiration aveugle".

L'admiration aveugle se produit lorsque nous oublions que les influenceurs des médias sociaux, malgré leur statut, sont humains avec leurs défauts et leurs imperfections. Nous nous mettons à idéaliser ces figures, à les mettre sur un piédestal, et dans ce processus, nous créons une image déformée de la réalité. C'est comme regarder notre reflet dans un miroir brisé. Nous ne voyons que des fragments de l'histoire, ceux que l'influenceur a choisi de partager, et nous remplissons les vides avec nos propres projections et attentes.

Les dangers de cette admiration aveugle sont multiples. D'une part, elle peut conduire à une déconnexion de la réalité. Lorsque nous nous mettons à vivre à travers nos idoles sur les médias sociaux, nous perdons de vue notre propre vie et nos propres expériences. Nous commençons à comparer notre vie quotidienne, avec ses hauts et ses bas, à une vie en ligne soigneusement construite et souvent filtrée. Cela peut créer un sentiment de mal-être et d'insatisfaction.

D'autre part, l'admiration aveugle peut aussi conduire à des comportements nuisibles. Par exemple, l'harceler l'influenceur pour obtenir son attention, ou se mettre en colère et se sentir trahi lorsque l'influenceur fait quelque chose qui ne correspond pas à l'image idéalisée que nous avons de lui. De plus, dans des cas extrêmes, cette admiration peut tourner à l'obsession, ce qui peut avoir des conséquences désastreuses sur la vie personnelle, sociale et professionnelle de l'admirateur.

Enfin, l'admiration aveugle peut entraîner une dépendance à la validation externe. Nous commençons à chercher l'approbation et l'acceptation de nos idoles sur les médias sociaux, ce qui nous conduit à négliger notre propre estime de soi et notre sens de la valeur.

Alors, comment éviter ces dangers ? Comment peut-on admirer et respecter les influenceurs des médias sociaux sans tomber dans le piège de l'admiration aveugle ?

Il faut d'abord se rappeler que les influenceurs sont des personnes réelles avec leurs propres défauts et imperfections, tout comme nous. Ils ont leur propre parcours, leurs propres luttes, et leurs propres défis à relever. Ce que nous voyons en ligne n'est qu'une petite partie de leur réalité.

Ensuite, il faut garder une perspective saine. Il est important de prendre du recul, de faire une pause dans notre consommation de médias sociaux et de passer du temps à vivre notre propre vie, à apprécier nos propres expériences.

Enfin, il est essentiel de développer notre estime de soi et de trouver une validation en nous-mêmes plutôt qu'en dehors. Il est important de se rappeler que nous sommes plus que les likes et les commentaires que nous recevons en ligne. Nous sommes plus que notre capacité à reproduire les styles de vie, les looks et les attitudes de nos idoles sur les médias sociaux.

En somme, il est possible d'admirer les influenceurs des médias sociaux sans tomber dans le piège de l'admiration aveugle. En gardant une perspective saine, en reconnaissant l'humanité de nos idoles et en cultivant notre estime de soi, nous pouvons profiter de l'inspiration et de la motivation qu'ils nous offrent tout en évitant les dangers du miroir brisé.

Le psychologue
des médias sociaux

Le décodeur du comportement humain

Au cœur des médias sociaux se trouve un élément essentiel qui leur donne vie et qui les fait fonctionner : l'être humain. Que ce soit pour partager des moments de vie, communiquer avec des amis, ou influencer des masses, tout sur les médias sociaux tourne autour du comportement humain. C'est dans ce contexte que le rôle du psychologue des médias sociaux prend toute son importance. En tant que décodeur du comportement humain, il explore les motifs, les schémas et les tendances derrière la manière dont les gens interagissent avec les plateformes numériques. Dans cette partie, nous allons approfondir le rôle du psychologue des médias sociaux en tant que décodeur du comportement humain.

Un psychologue des médias sociaux utilise une combinaison de théories psychologiques et de données numériques pour comprendre pourquoi les gens se comportent comme ils le font en ligne. En décodant ces comportements, ils peuvent aider à créer des environnements en ligne plus sains, à améliorer les produits numériques, et à proposer des solutions aux défis que nous rencontrons sur les médias sociaux.

Commençons par un concept clé dans le travail du psychologue des médias sociaux : la psychologie de l'identité.

Sur les médias sociaux, nous avons la liberté de nous présenter comme nous le souhaitons. Nous pouvons mettre en avant certains aspects de notre personnalité, cacher d'autres aspects, et même créer une toute nouvelle identité si nous le souhaitons. En étudiant ces comportements, un psychologue des médias sociaux peut comprendre comment les gens se voient eux-mêmes et comment ils souhaitent être vus par les autres.

Un autre domaine crucial est la psychologie de la communication. Les médias sociaux sont, avant tout, une plateforme de communication. Ils permettent aux gens de partager des idées, d'exprimer des opinions, et de se connecter avec d'autres personnes partout dans le monde. Pour comprendre ces interactions, le psychologue des médias sociaux étudie des concepts comme la théorie de l'auto-présentation, la théorie de l'effet de spirale du silence, et la théorie de la diffusion des innovations.

Ensuite, il y a la psychologie du partage. Les médias sociaux ont rendu le partage d'informations plus facile que jamais. Qu'il s'agisse de nouvelles, de mèmes, ou de moments de vie personnels, nous partageons constamment des contenus avec notre réseau. Pourquoi partageons-nous ce que nous partageons ? Comment décidons-nous quoi partager et quoi garder pour nous ? Ce sont des questions que le psychologue des médias sociaux cherche à répondre.

Enfin, la psychologie de l'influence joue également un rôle crucial. Les médias sociaux ont donné naissance à une nouvelle forme de célébrité : l'influenceur. Ces personnes ont un impact énorme sur leur public, allant de la promotion de produits à l'influence des opinions politiques. Comprendre comment et pourquoi ces influenceurs ont un tel impact est une autre tâche clé pour le psychologue des médias sociaux.

Le psychologue des médias sociaux est un décodeur du comportement humain. En étudiant l'identité, la communication, le partage, et l'"influence, ils nous aident à comprendre comment nous nous comportons en ligne et pourquoi. Alors que nous continuons à intégrer les médias sociaux dans notre vie quotidienne, le rôle du psychologue des médias sociaux ne fera que devenir de plus en plus important.

L'art de lire les esprits à travers les écrans

L ire les esprits à travers les écrans peut sembler sortir tout droit d'un roman de science-fiction, mais pour le psychologue des médias sociaux, c'est une réalité quotidienne. Leur métier consiste à interpréter les comportements, les préférences et les émotions des utilisateurs des médias sociaux à partir des informations qu'ils laissent derrière eux en ligne. Dans cette section, nous plongeons dans l'art de lire les esprits à travers les écrans.

Les utilisateurs des médias sociaux laissent une empreinte numérique qui peut être analysée pour comprendre leur psychologie. Chaque post, like, commentaire, partage et même le temps passé à regarder une certaine publication sont des indices précieux qui, lorsqu'ils sont interprétés correctement, peuvent révéler des tendances, des préférences et des modèles de comportement.

Le psychologue des médias sociaux utilise une variété d'outils et de techniques pour accomplir cette tâche. L'un des principaux outils est l'analyse des sentiments. Il s'agit d'une technique qui utilise l'intelligence artificielle pour déterminer l'émotion ou l'humeur qui se dégage d'un texte. Par exemple, un post qui dit "Je suis tellement content d'avoir réussi mon examen !" serait probablement classé comme positif. Inversement, un post qui dit "Je suis vraiment déçu d'avoir échoué à mon examen" serait classé comme négatif.

Cependant, l'analyse des sentiments a ses limites. Il peut être difficile pour un ordinateur de comprendre le sarcasme, l'ironie ou certaines subtilités linguistiques. C'est là qu'intervient l'expertise du psychologue des médias sociaux. Ils peuvent appliquer leur connaissance de la psychologie humaine pour interpréter les nuances et le contexte qui pourraient échapper à un algorithme.

Un autre outil clé dans l'arsenal du psychologue des médias sociaux est l'analyse du comportement. Cela implique d'étudier les actions que les utilisateurs prennent en ligne. Par exemple, quels types de contenu partagent-ils ? À quelle heure de la journée sont-ils le plus actifs ? Qui suivent-ils et interagissent-ils en ligne ? Les réponses à ces questions peuvent révéler des informations précieuses sur les habitudes, les préférences et même la personnalité des utilisateurs.

Enfin, la psychométrie joue également un rôle important. Cette branche de la psychologie se concentre sur la mesure des traits de personnalité, des aptitudes et des attitudes. En utilisant des données provenant des médias sociaux, les psychologues peuvent développer des profils psychométriques des utilisateurs. Cela peut être utilisé pour comprendre les motivations des utilisateurs, prévoir leur comportement futur et même personnaliser leur expérience en ligne.

Lire les esprits à travers les écrans n'est pas une tâche facile. Il faut une combinaison de connaissances en psychologie, d'expertise en analyse de données, et d'une compréhension approfondie des médias sociaux. Cependant, quand elle est faite correctement, elle peut révéler des informations précieuses qui peuvent être utilisées pour créer une expérience en ligne plus engageante et plus personnalisée. Dans le prochain chapitre, nous explorerons l'importance des données ignorées et comment elles peuvent parfois être plus révélatrices que les données que nous choisissons d'analyser.

Le psychologue distrait : l'importance de ne pas comprendre

Lorsqu'on pense à un psychologue, l'image qui vient souvent à l'esprit est celle d'un expert concentré, écoutant attentivement et interprétant minutieusement chaque mot, chaque geste et chaque inflexion de voix. Pourtant, dans l'arène des médias sociaux, le psychologue doit parfois adopter une approche différente : celle du psychologue distrait, qui reconnaît l'importance de ne pas comprendre. Cette section examine cette idée contre-intuitive et explore pourquoi, dans le monde des médias sociaux, ne pas comprendre peut parfois être une force plutôt qu'une faiblesse.

Tout d'abord, il convient de clarifier ce que nous entendons par "ne pas comprendre". Cela ne signifie pas l'ignorance volontaire ou l'inattention, bien au contraire. Il s'agit plutôt de reconnaître et d'accepter que notre compréhension de l'expérience humaine, en particulier lorsqu'elle est médiée par les technologies numériques, sera toujours incomplète.

Pourquoi est-ce important ? Parce que les médias sociaux sont intrinsèquement complexes et multidimensionnels. Ils sont façonnés par une multitude d'influences, allant de l'individuel au social, en passant par le culturel et le technologique. Ils sont également en constante évolution, avec de nouvelles plateformes, de nouvelles tendances et de nouveaux usages qui émergent continuellement. Dans ce contexte, toute prétention à une compréhension totale et définitive serait non seulement erronée, mais aussi potentiellement contre-productive.

La vérité est que même les utilisateurs des médias sociaux ne comprennent pas toujours pleinement leurs propres comportements. Ils peuvent être influencés par des forces subconscientes, être entraînés dans des dynamiques de groupe, ou simplement agir par impulsion ou par habitude. En tant que psychologue des médias sociaux, il est important de rester ouvert à ces ambiguïtés et incertitudes. Il est également crucial de rester curieux et empathique, et de s'efforcer de comprendre les expériences des utilisateurs sans jugement ni présupposés.

En pratique, cela signifie qu'il faut savoir quand prendre du recul, faire preuve d'humilité intellectuelle et admettre que nous ne savons pas, ou du moins, pas encore. Cela peut impliquer d'interroger nos propres hypothèses, de remettre en question nos modèles et nos théories, et d'être prêt à apprendre de nos erreurs. Cela peut aussi signifier de savoir quand écouter plus que parler, d'observer plus qu'intervenir, et de laisser les utilisateurs des médias sociaux nous guider dans leur monde complexe et fascinant.

Cela ne veut pas dire que nous devrions renoncer à notre expertise ou à notre rôle de guide. Au contraire, notre rôle en tant que psychologues des médias sociaux est d'aider à naviguer dans ces eaux parfois troubles, en éclairant les dynamiques sous-jacentes, en offrant des perspectives nouvelles et en aidant à faire des choix éclairés. Cependant, cela nécessite une approche flexible et adaptable, qui reconnaît la complexité inhérente à notre domaine et qui valorise la diversité des expériences et des perspectives.

En fin de compte, le psychologue distrait n'est pas vraiment distrait du tout. Il est simplement conscient que, dans le monde des médias sociaux, ne pas tout comprendre est non seulement inévitable, mais aussi une opportunité. Une opportunité d'explorer, de découvrir et de grandir, en tant que professionnels, et en tant qu'êtres humains.

L'observateur observé : les pièges de la sur-analyse

L'analyse est un outil puissant. Elle nous permet de comprendre des comportements, des tendances, des schémas. En tant que psychologue des médias sociaux, elle nous permet d'éclairer les motivations, les interactions, les dynamiques de groupe qui se jouent dans les univers numériques. Cependant, comme tout outil, elle doit être utilisée avec précaution. Car la sur-analyse, comme nous le verrons dans cette partie, peut devenir un piège. Elle peut fausser notre vision, nous rendre aveugles à l'évidence, nous conduire à des conclusions erronées. Et parfois, l'observateur finit par être lui-même observé.

Dans le cadre de la sur-analyse, nous pouvons devenir obsédés par les détails, par les chiffres, par les métriques. Nous pouvons nous perdre dans les complexités de l'analyse, au point d'oublier ce que nous cherchons à comprendre : le comportement humain. En tant que psychologue des médias sociaux, notre objectif premier est de comprendre les utilisateurs, leurs pensées, leurs sentiments, leurs motivations. Or, ces aspects de l'expérience humaine ne peuvent pas toujours être quantifiés ou réduits à des modèles ou des schémas.

La sur-analyse peut également nous conduire à voir des schémas qui n'existent pas, à interpréter des coïncidences comme des causalités, à attribuer des significations là où il n'y en a pas. En cherchant des explications complexes, nous risquons de négliger les explications simples. En nous concentrant sur le "pourquoi", nous risquons d'oublier le "quoi". Et parfois, les comportements les plus significatifs sont ceux qui sont les plus évidents, les plus naturels, les moins contrôlés.

L'observateur observé est un autre piège de la sur-analyse. En nous concentrant excessivement sur l'analyse, nous pouvons devenir déconnectés de notre propre expérience, de nos propres réactions et émotions. Nous pouvons devenir des observateurs distants, plutôt que des participants engagés. Or, l'implication personnelle est un élément essentiel de notre métier. Elle nous permet d'apporter de l'empathie, de la compréhension, de l'humanité à notre travail. Elle nous permet de nous connecter aux utilisateurs, de comprendre leurs expériences de l'intérieur, plutôt que de l'extérieur.

De plus, en nous concentrant sur l'observation des autres, nous oublions que nous sommes nous-mêmes observés. Nos comportements, nos interactions, nos publications sur les médias sociaux sont également sujets à analyse. Nous pouvons devenir tellement absorbés par notre rôle d'observateur que nous oublions notre rôle d'observé. Or, prendre conscience de notre propre comportement peut nous aider à mieux comprendre celui des autres. Cela peut nous aider à identifier nos propres biais, à questionner nos propres présupposés, à améliorer notre propre pratique.

Pour éviter les pièges de la sur-analyse, il est important de maintenir un équilibre. Un équilibre entre l'analyse et l'expérience, entre l'observation et la participation, entre la quantité et la qualité. Il est important de garder à l'esprit que l'analyse est un moyen, pas une fin en soi. Et que, finalement, notre but est de comprendre l'expérience humaine, dans toute sa complexité, sa diversité, sa richesse.

Le spécialiste en SEO

Le cartographe de l'internet

Naviguer sur Internet est un peu comme traverser une forêt dense et interminable sans carte. C'est là que le spécialiste en SEO, tel un cartographe de l'Internet, entre en scène. Leur rôle, tout comme celui d'un cartographe, est de fournir une représentation claire et compréhensible de cette jungle d'informations. Ils se spécialisent dans l'art délicat de la cartographie numérique, utilisant des outils et des techniques spécialisées pour aider les utilisateurs à naviguer plus facilement dans le labyrinthe en constante évolution qu'est Internet.

Le travail d'un spécialiste en SEO est de comprendre la structure complexe de l'Internet. Ils doivent comprendre comment les moteurs de recherche fonctionnent, comment ils trient et classent les milliards de pages web. Comprendre les mécanismes de l'Internet n'est pas une tâche facile. Cela demande une compréhension technique approfondie, mais aussi une sensibilité aux tendances changeantes, une intuition pour les habitudes de recherche des utilisateurs et une capacité à anticiper l'évolution de l'environnement numérique.

La cartographie de l'Internet est une entreprise en constante évolution. Les moteurs de recherche changent constamment leurs algorithmes, ce qui signifie que les stratégies de SEO doivent être adaptées en conséquence. De plus, le paysage d'Internet lui-même est en constante évolution, avec de nouveaux sites, de nouvelles technologies et de nouvelles tendances qui apparaissent constamment. Le spécialiste en SEO doit donc être flexible et adaptable, capable de réviser et d'actualiser ses cartes numériques pour refléter ce paysage changeant.

Mais un cartographe ne se contente pas de dessiner des cartes. Il doit aussi les interpréter, aider les autres à les comprendre. De même, le spécialiste en SEO doit non seulement comprendre la structure de l'Internet, mais aussi être capable de communiquer cette compréhension aux autres. Ils doivent être capables de conseiller les entreprises sur la manière d'améliorer leur visibilité en ligne, de développer des stratégies de contenu efficaces, de naviguer dans les complexités du référencement.

La cartographie de l'Internet ne concerne pas seulement les moteurs de recherche. Il s'agit aussi de comprendre les réseaux sociaux, les blogs, les forums, les sites de critique, tous les différents espaces où les gens se connectent, partagent des informations et formulent des opinions en ligne. Le spécialiste en SEO doit comprendre comment ces différents espaces interagissent, comment l'information se propage à travers eux, comment ils influencent le comportement des utilisateurs.

Enfin, la cartographie de l'Internet implique une responsabilité éthique. Tout comme un cartographe doit représenter avec précision et équité le territoire qu'il cartographie, un spécialiste en SEO doit veiller à ce que son travail ne soit pas utilisé pour manipuler ou tromper les utilisateurs. Ils doivent respecter les règles établies par les moteurs de recherche et veiller à ce que leurs méthodes de référencement soient transparentes, éthiques et respectueuses des utilisateurs d'Internet.

En somme, le rôle du spécialiste en SEO est à la fois technique et stratégique, exigeant une combinaison de compétences techniques, d'analyse stratégique, de communication et d'éthique. C'est un rôle essentiel dans le monde numérique d'aujourd'hui, un rôle qui nécessite à la fois une vision globale et une attention aux détails. Car c'est à travers ces cartes numériques que nous naviguons dans le vaste univers de l'Internet.

L'art de se perdre dans le labyrinthe digital

Le labyrinthe digital, une métaphore appropriée pour le monde en constante évolution du référencement des moteurs de recherche, peut sembler une tâche intimidante pour beaucoup. Néanmoins, le spécialiste en SEO trouve son épanouissement dans cette complexité et perçoit l'art de se perdre dans le labyrinthe digital non pas comme une peur, mais comme une opportunité.

L'art de se perdre est intrinsèquement lié à la curiosité et à la volonté d'explorer de nouvelles voies. Dans le contexte du SEO, cela signifie aller au-delà des sentiers battus, explorer de nouvelles stratégies, essayer de nouvelles tactiques, tester de nouvelles hypothèses. Cela peut impliquer d'expérimenter avec des mots-clés inattendus, d'explorer de nouvelles plates-formes ou d'innover avec des formats de contenu créatifs. C'est cette volonté d'explorer qui conduit à la découverte de nouvelles opportunités, à l'émergence de nouvelles idées et à l'innovation en matière de SEO.

Toutefois, se perdre dans le labyrinthe digital ne signifie pas naviguer sans but. C'est une exploration intentionnelle, guidée par une compréhension approfondie des principes du SEO, une connaissance des tendances actuelles et une anticipation des développements futurs. C'est une exploration qui est constamment informée par des données, alimentée par l'analyse et ajustée en fonction des résultats. Le spécialiste en SEO utilise une variété d'outils et de techniques pour suivre son chemin à travers le labyrinthe, depuis l'analyse des données jusqu'aux audits de sites, en passant par les outils d'analyse de mots-clés et les plateformes de suivi de classement.

Se perdre dans le labyrinthe digital nécessite également une certaine dose de courage. Cela implique de prendre des risques, de faire des erreurs, de rencontrer des impasses. Le spécialiste en SEO doit être prêt à accepter l'échec comme une partie intégrante du processus d'exploration. C'est à travers ces échecs que viennent les leçons les plus précieuses, les insights les plus profonds, et les stratégies les plus innovantes.

L'art de se perdre, c'est aussi l'art de la découverte. C'est à travers l'exploration du labyrinthe digital que le spécialiste en SEO découvre de nouvelles perspectives, de nouvelles connexions, de nouvelles idées. C'est en se perdant qu'ils peuvent trouver de nouvelles voies pour augmenter la visibilité, stimuler l'engagement et générer du trafic.

Enfin, l'art de se perdre est un art de la patience et de la persévérance. Le SEO n'est pas une discipline qui offre des résultats immédiats. C'est un jeu à long terme, qui exige une attention constante, un ajustement constant et un engagement continu. Le spécialiste en SEO doit être prêt à suivre son chemin à travers le labyrinthe pendant des semaines, des mois, voire des années, toujours à la recherche de cette sortie qui mènera à la réussite.

En somme, l'art de se perdre dans le labyrinthe digital est un aspect essentiel du rôle du spécialiste en SEO. C'est un art qui nécessite à la fois courage et curiosité, innovation et analyse, patience et persévérance. C'est un art qui, lorsqu'il est bien maîtrisé, peut transformer le labyrinthe en une carte, une carte qui mène à la réussite dans le monde numérique.

L'optimisation par l'inefficacité : la puissance des erreurs

L'optimisation par l'inefficacité : la puissance des erreurs, pourrait sembler contradictoire à première vue. Pourtant, dans le domaine du référencement naturel (SEO), comme dans de nombreux autres domaines de la vie, les erreurs peuvent devenir des opportunités précieuses de croissance et d'apprentissage.

Dans le contexte du SEO, les erreurs sont souvent perçues comme des obstacles à la réussite. Il est courant de les associer à une perte de classement, à un manque de visibilité, ou encore à une diminution du trafic. Pourtant, les erreurs sont une part inévitable du processus d'optimisation du référencement. En effet, la complexité des algorithmes de recherche, la concurrence intense et la nature changeante des moteurs de recherche font que même les spécialistes les plus expérimentés peuvent commettre des erreurs.

Cependant, ces erreurs ne sont pas nécessairement un problème. Au contraire, elles peuvent être un outil puissant pour l'apprentissage et l'amélioration continue. Les erreurs nous poussent à nous interroger, à analyser, à réfléchir à ce qui a mal tourné et à trouver des moyens de l'améliorer. Elles nous obligent à revoir nos hypothèses, à tester de nouvelles stratégies et à être créatifs dans notre approche.

Prenez, par exemple, une campagne de mots-clés qui n'a pas obtenu les résultats escomptés. Il serait facile de voir cela comme un échec. Mais un spécialiste en SEO pourrait voir cette erreur comme une occasion d'apprendre. Qu'est-ce qui n'a pas fonctionné ? Les mots-clés étaient-ils trop compétitifs ? La stratégie de contenu était-elle mal alignée ? Ou peut-être que le timing n'était-il pas bon ? En posant ces questions, le spécialiste en SEO peut tirer des leçons précieuses de cette erreur et ajuster sa stratégie en conséquence.

L'inefficacité, au sens de l'incapacité à atteindre un objectif spécifique, peut en fait devenir un moteur d'optimisation. En s'appuyant sur les erreurs et en apprenant de l'inefficacité, les spécialistes en SEO peuvent continuellement affiner leurs stratégies, améliorer leurs compétences et progresser vers leurs objectifs.

Il est important de noter que l'optimisation par l'inefficacité ne signifie pas qu'il faille intentionnellement commettre des erreurs. Au contraire, l'objectif doit toujours être d'éviter les erreurs et de travailler de manière aussi efficace que possible. Mais lorsque les erreurs se produisent, comme c'est inévitable, il est important de les embrasser comme des occasions d'apprendre et de grandir.

En fin de compte, l'optimisation par l'inefficacité est un état d'esprit. C'est une manière d'aborder le SEO qui valorise l'apprentissage, l'expérimentation et l'amélioration continue. C'est une reconnaissance du fait que les erreurs, bien que frustrantes, sont une partie inévitable et même précieuse du processus d'optimisation du référencement. En adoptant cette perspective, les spécialistes en SEO peuvent transformer leurs erreurs en occasions d'apprendre, d'évoluer et, ultimement, de réussir.

Le détour est le chemin : l'art de l'indirection

Le détour est le chemin : l'art de l'indirection fait référence à l'une des stratégies les plus subtiles et les plus puissantes dans le domaine du référencement naturel (SEO). Il s'agit de l'approche indirecte, qui, malgré son nom, peut souvent être le moyen le plus efficace et le plus rapide d'atteindre vos objectifs SEO.

Le chemin direct vers un objectif SEO, par exemple, l'amélioration du classement pour un mot-clé spécifique, peut sembler simple : optimiser le contenu pour ce mot-clé, obtenir des backlinks de qualité, etc. Cependant, cette approche directe a ses limites. Les algorithmes de recherche sont de plus en plus sophistiqués et sont capables de détecter et de pénaliser les tentatives de manipulation des résultats de recherche. De plus, avec la concurrence féroce pour les classements de recherche, l'approche directe peut souvent conduire à une impasse.

C'est là que l'art de l'indirection entre en jeu. Au lieu d'essayer de forcer votre chemin vers l'objectif, l'indirection implique de prendre des détours, souvent sous la forme de fournir une valeur réelle et pertinente pour votre public. Par exemple, au lieu de se concentrer uniquement sur l'optimisation des mots-clés, vous pourriez investir dans la création de contenu de haute qualité qui répond aux besoins et aux intérêts de votre public. Ou encore, au lieu de chercher à obtenir des backlinks à tout prix, vous pourriez développer des relations authentiques avec d'autres sites et influencer, ce qui pourrait conduire à des liens naturels et de haute qualité.

Il est important de noter que l'indirection n'est pas une question d'évitement ou de dérobade. Au contraire, c'est une stratégie consciente qui vise à atteindre l'objectif en prenant en compte la complexité du système dans lequel vous opérez. C'est une reconnaissance du fait que les moteurs de recherche sont conçus pour récompenser la valeur réelle et que la meilleure façon d'atteindre vos objectifs SEO est souvent de se concentrer sur la fourniture de cette valeur.

En prenant des détours, vous pouvez souvent trouver des opportunités uniques et précieuses que vous auriez pu manquer autrement. Par exemple, en créant du contenu de haute qualité pour votre public, vous pourriez découvrir de nouveaux mots-clés ou sujets que vous n'aviez pas envisagés.

Ou encore, en développant des relations authentiques avec d'autres sites, vous pourriez obtenir des backlinks de sources que vous n'auriez jamais imaginées.

L'art de l'indirection requiert de la patience, de la créativité et une bonne compréhension de votre public et du fonctionnement des moteurs de recherche. Mais lorsque vous le maîtrisez, il peut être l'un des outils les plus puissants à votre disposition en SEO. En fin de compte, l'indirection peut souvent être le chemin le plus direct vers le succès en SEO.

Le spécialiste en Branding

Le sculpteur d'identités

L e sculpteur d'identités : ce terme, à la fois poétique et puissant, évoque parfaitement la mission d'un spécialiste en branding. Tel un artiste travaillant sur sa matière première, le spécialiste du branding modèle, affine et peaufine l'identité d'une marque jusqu'à ce qu'elle atteigne son expression la plus juste et la plus impactante.

La première étape de ce processus consiste à comprendre le cœur même de la marque. Quelle est son histoire ? Quels sont ses valeurs et ses convictions profondes ? Quelle est sa mission, son objectif ultime ? Comme un sculpteur qui cherche à comprendre le potentiel de son bloc de marbre, le spécialiste du branding doit s'immerger dans la réalité de la marque pour en saisir l'essence. Ce n'est qu'ensuite qu'il pourra commencer à sculpter son identité, à révéler ses traits distinctifs et à affiner son message.

La matière première de cette sculpture n'est pas de la pierre ou du bois, mais un ensemble complexe d'éléments immatériels : le positionnement de la marque sur le marché, sa proposition de valeur unique, sa personnalité, son ton de voix, son style visuel, et bien sûr, son nom et son logo. Chacun de ces éléments doit être soigneusement travaillé et harmonisé avec les autres pour créer une identité cohérente et forte.

Le processus de sculpture de l'identité d'une marque est un travail délicat, qui demande beaucoup de patience, de sensibilité et de compétence. Le spécialiste du branding doit faire preuve de discernement pour distinguer ce qui est essentiel de ce qui est accessoire, et pour choisir les traits qui seront mis en avant. Il doit aussi faire preuve de créativité pour inventer des solutions originales et pour faire ressortir l'unicité de la marque.

Une fois l'identité de la marque sculptée, le travail du spécialiste du branding n'est pas terminé. Il doit veiller à ce que cette identité soit correctement mise en valeur, à travers tous les points de contact de la marque avec ses publics. C'est un travail de longue haleine, qui demande une attention constante et un suivi rigoureux.

Par ailleurs, le spécialiste du branding doit aussi être capable d'adapter l'identité de la marque aux évolutions du marché et aux changements dans les attentes et les comportements des consommateurs. Il doit être capable de faire évoluer la marque, sans pour autant trahir son essence. C'est un véritable défi, qui demande une grande flexibilité et une capacité d'innovation constante.

En définitive, le rôle du spécialiste du branding, en tant que sculpteur d'identités, est crucial. Il est responsable de l'image que la marque renvoie au monde, de l'impression qu'elle laisse dans l'esprit des gens. Une identité de marque forte et claire peut être un atout majeur pour une entreprise, lui permettant de se démarquer de la concurrence, de construire une relation solide avec ses clients et de s'assurer une place de choix sur le marché. C'est pourquoi le travail du spécialiste du branding est si précieux.

L'art de se démarquer en se fondant

Dans un monde numérique de plus en plus saturé, où les marques se battent pour attirer l'attention des consommateurs, il peut sembler contradictoire de chercher à se démarquer en se fondant. Pourtant, c'est précisément cet art subtil qui est au cœur du travail du spécialiste en branding. Il s'agit de créer une identité de marque suffisamment distincte pour se distinguer de la concurrence, tout en s'intégrant harmonieusement dans l'écosystème dans lequel elle évolue. En d'autres termes, il s'agit d'atteindre un équilibre délicat entre individualité et appartenance.

C'est ici qu'intervient la notion de "fit", l'ajustement entre une marque et son environnement. Pour être efficace, une marque doit répondre aux attentes et aux besoins de son public cible, tout en respectant les codes et les conventions de son secteur d'activité. C'est ce qui permet à la marque de gagner la confiance de ses clients et d'établir sa légitimité.

Cependant, respecter les codes et les conventions ne signifie pas se fondre dans la masse. Au contraire, le spécialiste en branding doit travailler à identifier et à accentuer les traits qui rendent la marque unique. Il s'agit de souligner ses points de différenciation, ses atouts spécifiques qui la distinguent de ses concurrents. Il peut s'agir d'un produit ou d'un service unique, d'une approche novatrice, d'une histoire ou d'une philosophie particulière, ou encore d'un style de communication distinctif.

C'est en créant cette identité de marque unique, tout en veillant à ce qu'elle s'intègre naturellement dans son environnement, que le spécialiste en branding parvient à créer une marque qui se démarque tout en se fondant. C'est un véritable art, qui demande une compréhension profonde des dynamiques du marché, une intuition aiguisée des attentes des consommateurs, et une créativité sans cesse renouvelée.

L'art de se démarquer en se fondant demande également une grande flexibilité. Le marché évolue constamment, tout comme les attentes des consommateurs. Le spécialiste en branding doit donc être capable d'adapter l'identité de la marque à ces évolutions, sans pour autant perdre son unicité. C'est un exercice délicat, qui demande une vision stratégique à long terme et une capacité à réagir rapidement aux changements.

Par ailleurs, cet art de se démarquer en se fondant ne se limite pas à la création de l'identité de la marque. Il s'applique aussi à sa communication et à sa présence sur les médias sociaux. Il s'agit de trouver le juste équilibre entre le respect des codes de ces plateformes et l'expression de l'identité de la marque, de manière à créer une présence en ligne qui soit à la fois authentique et adaptée à son environnement.

L'art de se démarquer en se fondant est une compétence essentielle pour tout spécialiste en branding. C'est en maîtrisant cet art subtil qu'il pourra aider une marque à se faire une place dans l'esprit des consommateurs, à se distinguer de la concurrence, et à construire une relation solide et durable avec son public. C'est un défi de taille, mais c'est aussi une opportunité excitante de créer des marques qui soient à la fois uniques et en parfaite harmonie avec leur environnement.

Le charme de l'indistinct :
l'attrait de la marque anonyme

Dans un monde numérique où la visibilité est souvent considérée comme la clé du succès, l'idée d'une marque anonyme peut sembler contre-intuitive. Cependant, le charme de l'indistinct, ou l'attrait de la marque anonyme, est une stratégie qui a gagné en popularité dans certaines sphères du marketing. Il s'agit d'un mouvement qui se distingue par sa volonté de rester en marge, de se détacher de l'obsession contemporaine de la notoriété pour se concentrer sur l'essentiel : la qualité du produit ou du service proposé.

L'anonymat peut être une puissante force de mystère et de curiosité, incitant les consommateurs à se rapprocher pour en savoir plus. Cela crée un sens de l'authenticité et de l'intégrité qui peut être extrêmement attrayant dans un paysage de marque de plus en plus saturé et homogénéisé. La marque anonyme parle d'une assurance de soi, d'un refus de jouer le jeu de l'auto-promotion constante.

Il est important de préciser que l'anonymat, dans ce contexte, ne signifie pas l'absence totale de reconnaissance de la marque. Au contraire, il s'agit d'une reconnaissance qui se fait de manière plus subtile, par le bouche-à-oreille, par l'excellence constante du produit ou du service, ou par une présence discrète mais constante sur les canaux de communication pertinents.

Pour réussir en tant que marque anonyme, il faut une concentration extrême sur la qualité et la cohérence. C'est le produit ou le service qui parle, et il doit donc être à la hauteur.

De plus, le spécialiste en branding doit être capable de créer un sens de l'identité et de la personnalité sans recourir aux tactiques de branding traditionnelles. Cela peut impliquer de trouver des moyens innovants et non conventionnels de communiquer la proposition de valeur de la marque.

L'anonymat peut aussi être un puissant outil de protection. Dans un monde numérique où la réputation peut être construite ou détruite en un instant, l'anonymat offre une certaine forme de sécurité. Il permet de contrôler l'exposition de la marque, de minimiser le risque de controverse et de rester concentré sur ce qui compte vraiment.

Enfin, l'anonymat peut également être une forme de résistance. Dans une époque où tout est exposé, où tout est mis en avant pour attirer l'attention, choisir l'anonymat est une façon de défier le statu quo. C'est un refus de participer à la course à la visibilité, un moyen de se démarquer par l'indifférence à la célébrité.

Cependant, l'anonymat n'est pas pour toutes les marques. C'est une stratégie qui demande du courage, de la patience et une certaine forme d'anti-conformisme. Mais pour ceux qui sont prêts à relever le défi, l'anonymat peut être une façon puissante de se démarquer et de créer une relation profonde et durable avec les consommateurs.

En somme, le charme de l'indistinct est une exploration de la force qui réside dans le silence, dans le non-dit, dans l'espace laissé vide pour que l'imagination puisse s'y épanouir. C'est une invitation à reconsidérer ce que signifie être une marque à l'ère numérique, à redécouvrir la valeur de l'authenticité et à repenser les voies par lesquelles nous construisons et communiquons l'identité de marque.

La marque sans visage : le pouvoir de l'effacement

Dans le paysage complexe et en constante évolution des médias sociaux, les marques sont de plus en plus amenées à repenser leur stratégie et leur positionnement. Alors que la plupart s'efforcent de développer une identité forte et distincte, certaines adoptent une approche radicalement différente : celle de la marque sans visage. C'est une stratégie qui, paradoxalement, se distingue par son absence de distinction, son refus d'embrasser la culture de la personnalité de la marque. Il s'agit moins d'effacer complètement l'identité de la marque que de minimiser son importance au profit de l'expérience du consommateur et de la qualité du produit ou du service.

La marque sans visage est une stratégie qui met l'accent sur l'effacement. Au lieu de s'appuyer sur un logo distinctif, un slogan accrocheur ou une personnalité de marque, elle s'efforce de se fondre dans le bruit de fond. Elle esquive la lumière des projecteurs et privilégie une approche plus discrète et moins évidente du branding. C'est un peu comme un acteur de soutien qui se fond dans le décor, jouant un rôle essentiel sans attirer l'attention sur lui-même.

L'une des clés de cette approche est l'humilité. Au lieu de chercher à dominer la conversation, la marque sans visage écoute et apprend. Elle est là pour servir le consommateur, pas pour se mettre en avant. C'est une approche qui nécessite une grande confiance en soi, car elle suppose que le produit ou le service peut parler de lui-même, sans avoir besoin de l'appui d'une identité de marque forte.

Mais ne vous y trompez pas, l'effacement n'est pas synonyme de faiblesse ou de passivité. Au contraire, il demande une grande force de caractère et une volonté ferme de rester fidèle à ses principes. C'est une stratégie qui nécessite une grande discipline et une détermination à ne pas se laisser distraire par les dernières tendances ou les attentes du marché.

L'effacement est également une stratégie qui privilégie la qualité sur la quantité. Au lieu de chercher à atteindre le plus grand nombre possible de personnes, la marque sans visage se concentre sur la création d'une expérience de qualité pour un public cible bien défini. Elle préfère la profondeur à la largeur, la fidélité à la popularité.

Dans un monde numérique de plus en plus encombré, où l'attention est une ressource de plus en plus rare, la marque sans visage offre une alternative rafraîchissante. Elle propose une pause, un moment de respiration dans le flux constant d'informations et de distractions. Et en faisant cela, elle crée un espace pour une connexion plus profonde et plus authentique avec le consommateur.

En fin de compte, la marque sans visage représente un défi à la convention et une invitation à repenser ce que signifie être une marque à l'ère du numérique. C'est une stratégie qui demande du courage, de l'humilité et une vision à long terme. Mais pour ceux qui sont prêts à l'embrasser, elle offre une opportunité unique de se distinguer et de créer une véritable valeur.

Le Labyrinthe du Like

une nouvelle approche des médias sociaux

L e monde des médias sociaux est en constante
évolution. Il est empreint de changements rapides,
d'innovations incessantes et de nouvelles tendances
qui émergent puis disparaissent aussi rapidement qu'elles sont
apparues. Dans ce tumulte, les entreprises et les individus
cherchent constamment à trouver leur place, à comprendre
comment naviguer dans cette danse du chaos.

Dans ce contexte tumultueux, il peut sembler tentant
d'essayer de contrôler ou de prévoir le chaos, de trouver une
formule magique qui permettrait de percer les secrets des
médias sociaux. Cependant, comme nous l'avons vu tout au
long de ce livre, une telle approche est non seulement vouée à
l'échec, mais elle risque également de nous priver de la
véritable beauté et de la puissance de cet univers numérique.

Les médias sociaux ne sont pas une science exacte, ils
sont une danse, une performance en constante évolution qui
exige de nous que nous soyons attentifs, réceptifs et prêts à
nous adapter à chaque instant. Ils sont un espace de création
et d'innovation, où les règles sont faites pour être brisées, où
les normes sont constamment redéfinies et où le succès peut
souvent venir des endroits les plus inattendus.

C'est cette danse du chaos qui donne aux médias sociaux
leur vitalité et leur dynamisme. C'est ce qui permet aux
marques de créer des relations authentiques et significatives
avec leur public, de générer un engagement réel et de se

démarquer dans un paysage numérique encombré. Et c'est ce qui fait des médias sociaux un outil si puissant pour le changement social, politique et culturel.

Pour naviguer efficacement dans cette danse du chaos, nous devons adopter une nouvelle approche des médias sociaux, une approche qui embrasse le chaos plutôt que de le fuir. Cela signifie reconnaître que les médias sociaux sont avant tout une question de personnes et de relations, pas de chiffres et de statistiques. Cela signifie être prêt à prendre des risques, à expérimenter, à faire des erreurs et à apprendre de nos échecs. Et cela signifie comprendre que le succès sur les médias sociaux ne se mesure pas en termes de likes, de partages ou de followers, mais en termes d'impact réel et durable.

Dans cette danse du chaos, il est crucial d'avoir une stratégie, mais il est tout aussi crucial de savoir quand et comment s'écarter de cette stratégie. Il est important d'avoir une vision claire de ce que nous voulons accomplir, mais il est tout aussi important de rester ouvert à de nouvelles idées, à de nouvelles opportunités et à de nouvelles façons de faire les choses.

Au bout du compte, ce labyrinthe n'est pas quelque chose à craindre ou à éviter. C'est une occasion d'apprendre, de grandir et de se développer. C'est une chance de repousser les limites, de défier les conventions et de faire une véritable différence. Et c'est une invitation à embrasser l'incertitude, l'ambiguïté et l'inconnu, et à trouver en eux une source d'inspiration, de créativité et de transformation.

Alors que nous continuons à naviguer dans le monde complexe et chaotique des médias sociaux, souvenons-nous de ceci : la danse du chaos est une danse que nous pouvons tous apprendre à maîtriser. Il suffit d'avoir le courage de se lancer, la résilience pour continuer à danser même lorsque les choses deviennent difficiles, et la sagesse de savoir que parfois, la meilleure chose que nous puissions faire est simplement de lâcher prise et de nous laisser porter par le rythme.

La danse du chaos est une danse de possibilités infinies. Et il n'y a jamais eu de meilleur moment pour se joindre à la danse.

Les Réflexions Essentielles

Les leçons paradoxales du Like

Le labyrinthe du Like dans l'univers des médias sociaux nous offre de précieuses leçons qui peuvent sembler paradoxales à première vue, mais qui, en réalité, renferment une grande sagesse. Voici quelques-unes des réflexions essentielles que nous pouvons tirer :

Le chaos est une source d'ordre :

C'est souvent dans le tumulte des médias sociaux que naissent les tendances, les innovations et les nouvelles normes. Accepter le chaos, c'est reconnaître que le changement est la seule constante et que l'évolution est le chemin vers le progrès. L'ordre n'est pas imposé, mais émerge du chaos de façon naturelle et organique.

L'incertitude est une certitude :

Dans l'instabilité des médias sociaux, rien n'est jamais sûr. Cependant, cette incertitude même est une certitude sur laquelle nous pouvons nous appuyer. Il s'agit de comprendre que nous ne pouvons pas tout contrôler et que l'adaptabilité et la flexibilité sont plus précieuses que les prévisions rigides.

La spontanéité planifiée :

Il est important d'avoir une stratégie pour naviguer dans le monde des médias sociaux, mais il est tout aussi crucial de savoir quand et comment faire preuve de spontanéité. La spontanéité est essentielle pour se connecter avec le public, répondre aux changements rapides et rester authentique.

La puissance de l'échec :

Dans le Labyrinthe du Like, l'échec n'est pas une fin en soi, mais une étape vers le succès. L'échec est une occasion d'apprentissage, une chance de grandir et de se développer. Chaque erreur est une opportunité de mieux comprendre notre public, nos objectifs et nous-mêmes.

La réussite au-delà des chiffres :

Le succès sur les médias sociaux ne se mesure pas en likes, en partages ou en followers, mais en impact. Il s'agit de créer des relations authentiques, de générer un engagement réel et de faire une différence dans la vie des gens.

Ces réflexions essentielles nous rappellent que la danse du chaos n'est pas un problème à résoudre, mais une réalité à embrasser. C'est une invitation à lâcher prise, à se lancer dans le mouvement et à trouver dans le chaos lui-même la source de notre créativité, de notre croissance et de notre réussite.

Ne manquez pas l'occasion d'enrichir votre bibliothèque et d'approfondir vos connaissances avec la **collection** de **Polychromatic reflections Publishing** en vente sur Amazon :

L'équilibre entre vie professionnelle et vie personnelle
Luna Whisper

Ce livre vous propose des stratégies pour créer un équilibre harmonieux entre vos responsabilités professionnelles et vos besoins personnels, pour une vie plus épanouissante et atteindre un bien-être durable. Il vous offre des conseils pratiques et des stratégies pour gérer votre temps, établir des priorités et développer des compétences. Idéal pour les professionnels et les personnes en quête d'une vie plus épanouissante.

La psychologie de la réussite financière : Comprendre les schémas mentaux qui mènent à la prospérité financière et comment les adopter
Owen Redford

Ce Guide Ultime vous dévoile un chemin différent pour comprendre la richesse et le succès financier et vous guide à travers un parcours unique en explorant des concepts souvent négligés pour vous aider à atteindre vos objectifs financiers. Que vous soyez un entrepreneur, un professionnel ou simplement quelqu'un qui cherche à améliorer sa situation financière, ce livre vous offre des conseils précieux et des réflexions inspirantes pour vous aider à naviguer dans le monde complexe de la réussite financière. Vous y découvrirez les secrets cachés de la réussite financière que les experts ne vous diront pas.

Finance Verte : Réussir Financièrement tout en Protégeant la Planète
Owen Redford

Le monde évolue rapidement, et l'investissement responsable est devenu un élément clé pour façonner un avenir plus durable et juste. Ce livre vous guide à travers ses multiples facettes en abordant les principes éthiques, les défis et les opportunités, ainsi que les tendances émergentes et les innovations dans le domaine. Il offre également des perspectives d'avenir et des aspirations pour un monde meilleur, en soulignant l'importance de la collaboration entre les différents acteurs et en invitant chacun à agir et à réfléchir sur son impact en tant qu'investisseur et citoyen du monde.

L'odyssée du crypto-navigateur : Le guide ultime pour s'installer dans un pays favorable aux crypto-monnaies !
Owen Redford

Découvrez le guide essentiel pour les professionnels de la crypto-monnaie qui cherchent à s'installer dans un pays favorable aux crypto-monnaies. Ce livre offre des conseils précieux, des analyses détaillées et des témoignages inspirants pour vous aider à prendre des décisions éclairées sur votre carrière et votre vie à l'étranger. Que vous soyez entrepreneur, investisseur, ou simplement intéressé par les opportunités offertes par les pays crypto-friendly, ce livre est un incontournable pour vous.

Le murmure de l'âme : L'ASMR et la quête de la sérénité
Luna Whisper

Découvrez les avantages de l'ASMR pour la santé mentale, la relaxation et la productivité au travail. Apprenez-en plus sur les différentes techniques et les artistes qui ont façonné cet univers relaxant. Ce livre offre des informations précieuses pour les professionnels et les amateurs de bien-être cherchant à améliorer leur quotidien.